王石

个人的现代化40年

# 我的改变

生活·讀書·新知 三联书店

Copyright © 2019 by SDX Joint Publishing Company.
All Rights Reserved.
本作品版权由生活·读书·新知三联书店所有。
未经许可，不得翻印。

**图书在版编目（CIP）数据**

我的改变：个人的现代化 40 年／王石著. —北京：
生活·读书·新知三联书店，2020.6 （2024.4 重印）
ISBN 978-7-108-06706-7

Ⅰ.①我… Ⅱ.①王… Ⅲ.①王石–传记
Ⅳ.① K825.38

中国版本图书馆 CIP 数据核字（2019）第 207504 号

| | | |
|---|---|---|
| 特约编辑 | 唐小松 | |
| 责任编辑 | 卫　纯 | |
| 装帧设计 | 蔡立国　薛　宇 | |
| 责任校对 | 曹忠苓　张国荣　曹秋月 | |
| 责任印制 | 董　欢 | |
| 出版发行 | 生活·讀書·新知 三联书店 | |
| | （北京市东城区美术馆东街 22 号 100010） | |
| 网　　址 | www.sdxjpc.com | |
| 经　　销 | 新华书店 | |
| 印　　刷 | 天津裕同印刷有限公司 | |
| 版　　次 | 2019 年 10 月北京第 1 版 | |
| | 2024 年 4 月北京第 10 次印刷 | |
| 开　　本 | 880 毫米 × 1230 毫米　1/32　印张 9.75 | |
| 字　　数 | 193 千字　图 35 幅 | |
| 印　　数 | 91,001-94,000 册 | |
| 定　　价 | 49.00 元 | |

（印装查询：01064002715；邮购查询：01084010542）

70年代

80年代

90 年代（赵兰健摄）

21 世纪初

最近十年

我的很多人生转变,都是 57 岁之后发生的。

——王石

# 目 录

序 一　　张维迎

序 二　　傅高义

前 言

第一章　　肉 身　/ 1

第二章　　空 间　/ 35

第三章　　学 习　/ 103

第四章　　角 色　/ 181

第五章　　生 死　/ 245

1979年的深圳（黄永照摄）

2018年的深圳（苏子摄）

# 序一
## 作为企业家的王石

张维迎

研究当代中国企业家，无论从哪个方面看，王石都是一个绝佳的活标本。

他成就于改革开放年代，也帮助塑造了这个时代，把他的印迹刻在这个时代。

王石是天生的领袖人物。他个性张扬，以自我为中心，我行我素，追求与众不同，不循规蹈矩。他有强烈的征服欲和表现欲，喜欢冒险和挑战，甚至愿意冒着死亡的危险证明"我能，你不能"。他喜欢领导别人，不愿被别人摆布。自然，无论在部队当兵，工厂当工人，还是在铁路局当技术员，政府机关当科员，他都感到憋屈，活得很痛苦。他又憋不住，一有机会，就锋芒毕露，喧宾夺主，甚至搞恶作剧，寻找自己的存在感。他让上级难堪，上级怎能不给他小鞋穿？

像王石这样的人，如果生在兵荒马乱的年代，大概会拉起一杆大旗，招兵买马，杀人越货，即便不能打得一片天下，也能占山为王。但，他没有生活在那样的年代。

幸运的是，当他进入而立之年的时候，邓小平的改革开放政策让他有了彰显个性和才华的机会。这就是经商办企业。下海官员不少，但王石下海早。1983年，32岁的时候，他毅然辞去广东省外经委的公职，离开广州，来到深圳，自己创业，开始了他的企业家生涯。

作为企业家，王石的标志性成就是万科房地产公司。他做得可圈可点。以下三点特别值得一提：

首先，他创办的万科房地产公司是中国房地产界的一面旗帜。

万科从1988年开始做房地产，到1992年，就成为房地产业的老大，并持续数十年。老大，不仅是因为它的规模大，更由于它在房屋设计、建筑施工、质量管理、服务理念等多方面的引领作用。目前为止，万科仍然是众多房地产企业模仿的对象。冯仑早就说过："学习万科好榜样！"

万科是住宅产业化的领跑者。所谓"住宅产业化"，简单地说就是像造汽车那样造房子，把尽可能多的比例在工厂制造预制件，然后到建筑工地组装成房子。住宅产业化，不仅彻底改变了房地产业的价值链，节约了建筑成本，加快了建设速度，带动了产业升级，而且对资源和环境保护带来了积极影响。说万科改变了中国房地产生产模式，并不夸张。

其次，万科是中国现代企业制度建设的引领者。

万科1988年发行A股、1993年发行B股时，就建立了比较规范的现代企业制度。所谓现代企业制度，就是用"法治"而不是"人治"的方式，处理股东、董事会、职业经理人、员工之间的权责和利益关系。万科的现代企业制度不仅写在纸上，而且落实在行动中。在现代企业制度的基础上，王石又建立了万科独特的企业文化，这既包括万科一直奉行的"简单、责任、规范、透明"的商业伦理，也包括避免任何独裁倾向的个人权力制约机制。正是现代企业制度的建立和独特的企业文化，保证了万科稳定的权力过渡，让没有了王石的万科仍然是万科。就此而言，万科对中国企业发展的影响远远超出房地产业界。

当然，企业制度和企业文化是一个不断演变的过程，没有完美无缺、一劳永逸的制度和文化。2015年开始持续两年的"万宝之争"，暴露的不仅是万科自身公司治理结构存在的问题，而且是企业经营中永恒的主题，即企业家与投资人之间的冲突。这种冲突可能是利益的，也可能是观念和认知的。"万宝之争"中，王石说自己捍卫的是"万科文化"，宝能要行使的是大股东的权利，各有各的道理。法律上讲，权利优先于文化，但真实世界要复杂得多。在我看来，流行的公司治理理论的一个主要缺陷是没有考虑企业家精神，把股东与经理人的冲突仅仅理解为利益的冲突。

第三，王石坚持"不行贿"的原则，为中国企业家竖起了商业伦理标杆。

王石不仅在公司内部立了"不行贿"的规矩，而且多次在公开场合高调宣称万科"不行贿"。他说这话，大部分人有理由抱怀疑态度，因为在中国做生意，尤其是搞房地产，一些资源都控制在政府手里,在一些地方"不行贿"确实很难。

第一次听王石说"万科不行贿",我也不相信,觉得他不过是唱高调而已。毕竟,在我们这样的社会,说假话的心理成本并不高。但对万科和王石本人有了更多了解后,我信了。

一则,王石看得比较远。他认识到,靠行贿做生意只是一种过渡期的现象,你现在行贿可能得到短期利益,但未来肯定会被淘汰掉。不行贿的人,现在做得很辛苦,但将来企业会发展得更好。万科坚持不行贿,拿到的土地价格比别人高,位置比别人差,这就使得它只能靠质量取胜,把房子盖得更好,客户愿意支付更高的价格,时间长了,反而炼出了真正的市场竞争力。

二则,不行贿,也是王石追求与众不同的表现。当大部分房地产企业家以胡雪岩为榜样,靠行贿获得资源的时候,如果他也学习胡雪岩,就不过是一个普通的商人而已,没有自己独特的价值。王石反其道而行之。他认识到,每个人都有魔鬼的一面,也有天使的一面,官员亦如此。别人利用官员魔鬼的一面赚钱,我为什么不能利用官员天使的一面达到同样的目的?确实,当万科成为一个品牌的时候,反倒成了地方官员争抢的一种稀缺资源。

人们通常把企业家与个人财富联系起来,认为当企业家就是为了赚钱,积累个人财富。熊彼特早就批驳了这种简单化的观点。他认为,企业家有超越利润的目标,包括建立自己的王国和证明比别人更成功（"我能，你不能"）。但话说回来，在市场经济中，利润和财富毕竟是衡量企业家成功与否的标志，也是企业家实现其他梦想（如当慈善家）的手段。

但是，在中国的传统文化和现实下，赚大钱和干大事之间很容易发生冲突。作为企业家，王石很理解这种冲突。所以，他选择了做大事，不是赚大钱。1988年万科进行股份制改造时，王石放弃了应得的个人股份。他说，他这样做有三点理由：一是大众讨厌暴发户形象，他不想让人讨厌；二是家族没有掌管财富的DNA；三是中国社会有根深蒂固的仇富心态，他不愿让自己成为他人仇恨的对象，更不想惹来杀身之祸。名利之间只能选择一项，或默不作声地赚钱，或两袖清风实现一番事业。他选择了后者。他不仅放弃了自己应得的股份，还选择国有大企业香港华润集团当万科的大股东，把自己变成纯粹的"职业经理人"。

我不是很赞同王石的这种做法。王石虽然是一位勇士，但不敢和现实与传统文化发生正面冲突，这是令人遗憾的。如果所有企业家都像他这样，中国何时才能进一步健全现代企业制度和企业文化？

王石这样做也为后来的"万宝之争"埋下了隐患。企业家和纯粹的职业经理人是不同的。企业家雇用别人，职业经理人被别人雇用。企业家的控制权需要股权的保护，没有股权的保护，控制权就难以保证。在北京大学光华管理学院的一次论坛上，我曾对王石讲：你把一幅画挂在墙上，钉子很牢固，但这面墙随时可能塌下来。他不以为然。在"万宝之争"中，王石无论在心态上还是做法上，都把自己当作创办万科的企业家，而不是职业经理人。当然，如果王石不选择华润集团当大股东，万科能否如此成功，是否会发生后来的控制权之争，我们也不好说。但当宝能成为万科第一大股东时，王石甚至还放话说万科不欢迎民营企业，这是我不理解的，也无法苟同。

　　王石确实想做大事，不想赚大钱。对王石来说，做大事比赚大钱更有成就感，更令他兴奋。这一点也表现在他很早就开始培养自己的接班人上。他认为，一个成功的企业家，应该着力于建立制度，培养团队，当你不在的时候，企业也能运转得很好，而不是离开你企业就没法运转。他想把万科作为自己留给社会的遗产，不想让万科随他而去。所以，早在1999年48岁的时候，他就卸任了总经理一职。

　　但对像王石这样的人来说，放弃权力并不是一件容易的事。辞去总经理的头两个月，他非常痛苦，常常在办公室坐立不安，工作时也常常忍不住越界。与许多处于类似情况的人不同的是，王石没有想方设法把权力拿回来，让接班人当傀儡，而是索性去登雪山，一走就是半个月、一个月，有意识地把自己与公司团队在物理上隔离开。经过一段时间的调整，他慢慢适应了。

　　登雪山，特别是在52岁时登上珠穆朗玛峰，让王石成为名副其实的公众人物，他的社会影响力更大了，甚至开始为一些国际大公司做广告代言人，将广告收入捐献给公益组织，被媒体塑造成企业家的道德楷模。

王石很享受作为公众人物的光环，为他自己，也为万科。这符合他做大事、不赚大钱的追求。但对企业家来说，当公众人物是一件很危险的事情。在他事业和声望处于顶峰的时候，2008年，相继发生了"拐点论"和"捐款门"事件，让王石不仅受到地产界同行的批评，而且陷入公众舆论的漩涡，有网民留言："虽然你登上了珠峰，但你的道德高度还没有坟头高。"他的声望一落千丈。

一个人对自己的反思，通常从低谷开始。2008年是王石人生的转折点。"拐点论"和"捐款门"事件，第一次让他重新认识到了自己在这个社会中的位置。他想远离舆论和商界，重新塑造自己。从60岁开始，他相继去了哈佛、剑桥、牛津和希伯来游学，做访问学者，很认真地学英语、读文献、搞研究，坚持数年不悔。他也更多地介入环保和慈善事业。

在许多人看来，王石留学，不过是作秀而已，我自己也曾有这样的看法。但现在看来，他是真诚的，他想改变自己，丰富人生，理解不同文明和文化，活得更有价值，为自己，也为社会。在剑桥，他选择"犹太人的东亚迁徙史"作为自己的研究课题，如果没有追求学问的精神，是很难想象的。

像王石这样的成功人士，做什么都能成为他人模仿的榜样。去年秋天我去哈佛参加一个会议，碰到我原来的一个学生，也是做企业的，正在哈佛做访问学者，之前已在哥伦比亚大学访学一年。他告诉我，他游学是受了王石的刺激。他说，自己做企业做不过王石，难道读书也读不过王石吗？但他读书能否读过王石，还真不好说。

我与王石相识多年，曾多次邀请他到光华管理学院演讲，与他有过争论，也曾与他结伴走过戈壁"玄奘之路"。但坦率地讲，我与他交往不深，对他的了解有限。《我的改变》这本书让我对王石有了更多的了解，也改变了我对他的一些看法。

这本书我是一口气读完的。相信其他读者也会一口气读完。

2019 年 9 月 25 日

# 序二

傅高义

（Ezra F. Vogel，美国哈佛大学荣休教授）

我初识王石，是在2011—2013年他来哈佛大学期间，2017年我们再度相会。王石在征服了房地产、金融、登山、滑翔伞和赛艇等领域后，又想征服学术界，并为世界环境保护做出贡献。

王石1951年出生于广西，20世纪80年代初移居深圳，当时那里是中国四个新开发的经济特区中最有前途的一个。随着1978年邓小平开始实行改革开放的新政策，80年代中国工业迅猛发展，数以千万计的人涌进城市。随着市场的开放，王石看到了房地产开发的机遇。1984年，他先创建了进口影视器材的公司，后来投身房地产，并且是最早将公司在深圳证券交易所上市的人之一。他买地，开发，收获利润。短短20年内，他成了中国乃至世界上最成功的房地产开发商。

王石从不满足于单纯地赚钱，他拿出公司一部分股份，成立了万科基金会，奉献于中国和世界各地的项目。他一直在推动环境控制项目，并担任世界自然基金会的董事。

王石总是在寻找新的领域去征服。他开始登山，不仅成功地登上了珠穆朗玛峰，还登上了全部七大洲的最高峰。他徒步到达了北极和南极。他还涉足滑翔伞和赛艇等运动。

在哈佛大学，王石并没有成为一名学者，但他的确对世界充满了好奇心。他旁听了英语、宗教学、希伯来语、日本学和法律学的课程。他确曾在查尔斯河上泛舟，并以哈佛为基地，继续前往美国和欧洲的许多地方旅行。他思想开放，渴望获得新的见解。在来哈佛之前，他就已经对明治时期的日本及其现代化进程产生了浓厚的兴趣，他想进而了解德川幕府时期和现代化的基础。当他知道我既是一名日本专家，也是一名中国专家后，我们进行了几次有趣的会谈。他渴望察知日本是如何取得如此巨大的成就的，他试图鞭辟入里。

在写作本书时，王石不是简单地叙述他的经历，而是超越了他非凡的活动来阐释他的哲学，探讨在他征服世界的经验之上的意义，并为解决这个世界的问题做出积极的贡献。

王石在哈佛的时候，我曾和他多次交谈，我可以证明他是一个不可多得的卓越人物，是一种超越世俗的自然力量，本书记录了一些他对自己非凡成就的思考。

当我撰写关于邓小平的著作时，我选择在三联书店出版该书的中文版，三联书店以其出版物质量而享有盛誉。现在，王石也选择在三联书店出版他的书，而三联书店在出版此书的过程中，也表现出非常专业的精神。

（李阳　译）

# 前　言

连我自己都没想到的是，很多意想不到的人生转变是在57岁之后开始的。

2008年，万科已经取得骄人的成绩，我自己也已完成"7+2"（登顶七大洲最高峰，徒步到达南极点和北极点）。按照传统思维，我已经功成名就，可以颐养天年了。但实际上，2008年竟开启了一段充满大风大浪的人生旅程。

许多人认为，"万宝之争"\*是我深圳创业后遇到的最大的坎儿。实际上，2008年才是。那一年，"拐点论"事件让万科的业务遭遇了前所未有的危机，接踵而至的"捐款门"事件更让个人声誉跌到了谷底。这两场风波对我的思想观念构成了前所未有的挑战，是我人生的至暗时刻，也是刻骨铭心的反思的开始。

2007年11月底，基于对房地产大势的判断，万科决定战

---

\* 万宝之争，又称万科股权之争，是中国A股市场历史上规模最大的一场公司并购与反并购攻防战，从2015年开始，持续多年。涉及万科、深圳地铁、华润、宝能、恒大、安邦等多家公司。——编者注

略调整：缩减计划开工量、调低售价。

　　出于多种原因，房地产同行和许多城市不希望高热的地产市场降温，视万科的降价行为和所谓的"拐点论"为害群之马！行业协会内，老板们公开反对万科的降价举动，并质疑万科的降价动机。一座大城市的主要负责官员明确表示：不许降价，远离万科！另一座大城市的物价部门以"售价不合规"为由，给万科开出了一张大额罚单……因降价，亦激起了部分准业主的情绪，聚集售楼处，干扰正常销售，个别城市甚至演变出砸售楼处的风波，而置身现场的警察却袖手旁观。销售活动被迫取消或延迟。万科陷入被空前孤立的状态。当时万科已进入30多个城市，这种状态会蔓延到多大范围？契约精神是否还能继续？

　　就在"拐点论"的负面影响继续发酵时，又发生了"捐款门"事件。"5·12"地震后的第三天，我作为活跃的"版主"，回应网友质疑：赈灾、慈善出于自愿，不应该"比捐"；也不要让慈善成为低收入员工的负担。帖子的观点引起网上的激烈反对，迅速酿成万科历史上最大的道德信任危机。每天至少五六十万条批判、谴责、谩骂的帖子涌进我的个人微博。其中一个帖子，我今天仍记忆犹新，"虽然你登上了珠峰，但你的道德高度还没有坟头高"。一些知名跨国企业因为捐款额未达到舆论的期望值，亦引起网民愤怒质问："为什么如此吝啬？！"网上号召：拒买、拒吃！甚至提议：砸×××！围攻×××……事态在扩大。商务部及时出面，制止了情绪化的排外仇外言行。可又有哪个部门为万科说句话呢？

网络暴力是否会转变为现实肢体暴力？关心我的人建议我出国避避风头。但我认为我没做错，也不准备妥协，为什么要躲避？但我必须为个人的言行承担责任。当时我公开表明，如果发生以下任何一点，我会辞职：第一，言论引起万科股票逆市下跌；第二，因个人言论造成消费者罢买万科房子；第三，因我的言论，万科青年员工集体性辞职。"捐款门"事件明显给万科造成道德和经营压力；青年员工（"80后"当时已占到万科员工数量的60%）流露的困惑和委屈眼神在追问：主席，你不该说那样的话呀；我们不吝于捐赠……当时的我感到自己是如此孤立，犹如置身惊涛骇浪中的一叶扁舟，有一种自己的价值系统要崩溃的感觉，我开始重新认识个人在社会上的位置。

在这本书里，我尝试分享的，是2008年危机之后，发生在我个人生活里的变化：身体的塑造、个性的伸展、智识的提升、社会角色的变化、生死观的变化等等，可以说是个人价值系统的一次更新。

这其中，会涉及我过去十年的一些重要经历：在哈佛、剑桥等学校访学时对西方文明源头之一的"一神教"的学习和体验；对中国传统文化的学习和再认识；积极参与联合国气候变化大会，发起创办应对气候变化的企业家联盟；接受大学聘请，讲授"企业伦理"系列课程；在剑桥开办重新定义"成功"的企业家培训课程；投入更多时间精力，响应深圳作为经济特区对我的新的呼唤……

讲述这些经历，也带有一种自我整理的动机。用一个朋友的话说，是超越了企业家的实用主义思维模式，而以一个"在路上"的企业家的身份，重新看待自己和看待世界，重新进行自我的身份认定。

本书的写作是四年前从剑桥校园开始的，收尾时恰逢"改革开放40年"。这本书也有了一个更大的背景，就是中国的40年现代化。这得以让我从一个更长的时间长度，来梳理个人改变的来龙去脉。"个人的现代化40年"这个副题，也是由此而来。

1978年冬天，十一届三中全会召开之时，作为广州铁路局工程五段的一名给排水技术员，我正在深圳参与笋岗北站消毒库项目。当时施工现场的临时宿舍搭建在铁路边，三十几号人挤住在用竹子、席苇搭建的工棚里，条件很艰苦。因为在深圳做工程，我经常往返于深圳和广州之间。在火车上，有很多回内地探亲的香港人。很明显地看到，当时的香港和广东，是两种生活水平。当时的我，并没有想一定要创造很多财富，但确实很渴望改变自己的生活现状。像香港人那样生活，是我当时非常大的动力。

这种渴望，不仅仅在物质生活层面。1977年，我从兰州铁道学院毕业时，心里有一种不甘的感觉。

1968年，我17岁参军时，正上初二。在部队的五年，我靠大姐的课本自学完了高中课程。之后在工厂，也一直在努力自学，以争取一个推荐上大学的名额。但真正上大学时，"文革"仍未结束，在学校仍然是以自学为主。

从参军开始，很多年，我常常做一个噩梦，就是在考试。在梦里总是特别紧张，醒来也总是很疲惫，似乎潜意识里就是觉得自己知识不够。

更让人难受的，是个性上受到的压抑。以前我曾经写过，32岁去深圳之前的每段经历都苦涩难言。实际上，去深圳前的最后三年，我是在广东省外经委，拥有一份外人看来十分风光的工作。物质生活有明显改善，也有了上夜校的机会。但个性无法伸展的压抑，让人备感挫折。

从个人更新的角度来看，去深圳创业是我所经历的第一次蜕变。我是改革开放的受益者，人生的美好回忆是从32岁去深圳开始的。现在回想，32岁并不是一个多么成熟的年纪，但可能是因为受过这些压抑，才让我在"传统或现代"这个问题上，如此坚定地站在"现代"的这一边。

我出生时刚刚解放，形成世界观的时候正经历"文化大革命"。在那个时候，我首先感受到的，是社会对中国传统文化所持的基本否定的态度；其次，了解中国传统文化也需要相应的训练，这方面我又是缺失的。所以有很多年，我对中国传统文化一直持虚无的态度。

改革开放之后，我认识到现代文明才是当今世界的主流。所以不管是从企业还是个人成长上，都持这种态度。企业层面，万科1988年发行A股、1993年发行B股，建立现代企业制度，内部民主及反腐，不行贿，住宅产业化，企业社会责任……个人层面，辞去体制内工作，登山、赛艇、留学、环保，参与各类社会组织……这一系列选择，都有一条很清晰的现代化的线索。

这样的选择之下，一方面，我获得了成功；另一方面，也不断地面临着与中国传统价值观的激烈冲突。"拐点论"和"捐款门"所引发的危机，从某种角度看，正是这种冲突所致。如何重新认识中国传统，重新看待"从传统到现代"，成为我近年来最关心的问题。

40年前，我们在"摸着石头过河"的状态下完成了一轮价值观的更新。而近年来，"改革进入深水区"的说法不绝于耳。对我而言，2008年以来的个人更新，就是进入"深水区"之后的体验。

2017年6月辞去万科董事长一职之后，66岁的我已开始重新创业。33岁创立万科，66岁退出后重新出发。这两个时间节点，正好把我的人生分成了三个33年。在人生第三阶段开始的时候，一方面，回想2008年所经历的至暗时刻，不禁为自己过去十年的内心成长之路而感到喜悦；另一方面，又觉得很多问题并未完全解决，我的改变才刚刚开始。

中国改革开放的第二个40年，又会发生怎样的变化？我很好奇，也很期待。

第一章

# 肉　身

我的改变：个人的现代化40年

去世界各地登山或旅行时，我都习惯捡一块石头带回来，
这些石头是我唯一的收藏品

# 第一章 肉 身

一个人对自己身体的态度，是个人价值系统的重要组成部分。人在超越自我时，既需要通过克服外部世界的障碍来实现外在超越，也需要通过达到内在的身心和谐来实现内在超越。而外在和内在，是会相互影响的。

一些特殊经历，帮助我对身心关系有了更深的认识。17岁到22岁我在戈壁滩上开了五年重型卡车，22岁到23岁在一个锅炉大修车间做了一年半重体力活；48岁到59岁的登山生涯，让我认识了身体的极限状态；62岁开始，我又从划赛艇的过程中，第一次尝到了科学运动的甜头，成为理性身体观的受益者。

反观身边的朋友，大腹便便者不在少数。可以想见，在理性地管理自己的生活方面，我们都有很大的提升空间。进一步看，节制的意识、意志的磨炼，更会让人在生活的各个方面受益无穷。

余英时在《从价值系统看中国文化的现代意义》一书中比较中西文化的价值系统时，以"人与自我""人与人""人与自然""生死观"这四个角度组成了价值系统的结构。第一章选择以"身体"为题，从吃饭、睡觉、性、运动这些"生活小事"谈起，就是想从"人与自我"这个角度开始书写。

## 第一节　认识自己的身体

**缺氧**

1995年5月,我的左腿突然剧痛,去医院做核磁共振,诊断为腰椎骨第四节至第五节之间长了个血管瘤,压迫到了左腿神经。那时晚上疼得吃止痛片都睡不着觉,神经科专家说,什么运动都不能进行,从现在起就要卧床,准备动手术;一旦血管瘤破裂,会引起下肢瘫痪。

在听到诊断结果的时候,我脑子里第一个念头,是要赶在手术之前去趟西藏。因为我担心万一真的瘫痪,就去不了了。

但后来会诊时,一位骨科专家认为,只要血管瘤不再增大,不一定非得动手术,也可以适当运动。我理解骨科专家的意思是:现代医疗设备太先进了,本不应该显示出来的东西也显示出来了。我没有接受动手术的方案,决定保守治疗。

这次病痛,成为我开始攀登雪山的契机。在发现血管瘤一年多后的1997年9月,我找到时间空当,去了一趟西藏。那次在珠峰大本营,在中国登山协会金俊喜教练的鼓励下,我产生了登雪山的想法。

1998年春节期间,我到北京怀柔登山基地,开始接受攀冰等专业训练。那之后的一年多时间里,我利用业余时间,进行了一系列的专业训练,从体能到使用基本安全装备、确保技术、垂降技术这些基础技能,再到攀岩、冰河行进等进阶技

## 第一章 肉身

能。训练得很全面，强度也很大，所以1999年春天去登第一座雪山时，我认为自己已经做好了充分的准备。

我去登的第一座雪山，是位于青海格尔木的玉珠峰，海拔6178米，是昆仑山东段的最高峰。

第一天到达海拔4200米的大本营时，因为是第一次登雪山，所以状态非常兴奋。但还没等到吃晚饭，高原反应就来了——强烈地呕吐，头痛欲裂，而且一整夜都没有好转。当天就没有吃晚饭，到了半夜，缩在睡袋里，听着外面寒风呼啸，心里产生了一种恐惧感：这次是不是回不去了？

当时心里就想，不管上得去上不去，只要能活着回去，绝不再登山了。

事实上，这并不是我第一次遭遇强烈的高原反应。那之前，我第一次进藏时，就有过类似的经历。

那次进藏，也是从青海过去的，过格尔木，走青藏线，还没翻过昆仑山，就出现了非常强烈的高原反应。发烧、呕吐、头痛欲裂，根本睡不着觉。而且很特别的是，一轮强烈的高原反应过去之后，人就像解脱了一样，进入了一种自动辟谷状态，水喝得下去，饼干咽不下去，咽到喉咙就自动吐出来了，身体本能地拒绝食物。我们走青藏线走了四天，这种状态一直持续着，直到进入拉萨的第二天，才吃得下去东西。那天一早，我跟着藏民走大转经道，后来又去大昭寺参观，途中出现了强烈的饥饿感。大昭寺负责接待我的一位叫尼玛次仁的喇嘛听说后，邀请我到他的房间喝酥油茶、吃糌粑。也许是肚子饿的缘故，我连喝了四碗酥油茶，还把一碗糌粑吃得干干净净。

在拉萨待了一周之后，身体就适应了。那次在西藏待了一个月，去了包括珠峰大本营在内的很多地方，都没有再出现高原反应，所以当时就想，高原反应也没什么了不起的。没想到，一年多之后，在玉珠峰又经受了这么剧烈的折磨。但折磨归折磨，等最难受的时候熬过之后，第二天阳光出来，人从帐篷里爬出来，争强好胜、想战胜自己登上顶峰的念头又占了上风。

在我的整个登山生涯中，每一次进山，都会重复这样的过程：强烈高原反应—产生再也不登山的念头—适应之后继续往前。

2008年秋，我和好友汪建一起，去登海拔8012米的希夏邦马峰。他是基因专家，那次登山是带着深圳华大基因研究院的科研课题去的，具体题目是从分子生物学层面研究低海拔生活的人们如何适应高海拔缺氧环境。登山前后，科研人员抽取了六位志愿者的血样，提取RNA，进行基因图谱分析比较。

我是志愿者之一。也正是那一次，我认识到了自己高原反应如此强烈的原因。

汪建介绍，RNA叫作核糖核酸，和DNA（脱氧核糖核酸）一样，也可以传递人的生命信息。细胞生物普遍用DNA做遗传载体，RNA在其中起辅助作用。但非细胞生物，比如病毒，就没有 DNA，它们直接用 RNA 来传递密码。

就我们这次试验来说，人体生理活动的最基础表现是蛋白质的生成和消逝，人体血液的携氧能力主要取决于红细胞中的血红蛋白。而 RNA 的活动，直接决定了蛋白质的活动。所以，可以通过监测血红蛋白的 RNA，来了解每个人适应不同海拔高度的能力。RNA 活跃，就说明这个人体内血红蛋白合成活跃，在高海拔携氧能力强，更容易适应环境的变化。

抽血分多次进行，第一次是登山之前，在海拔 3650 米的拉萨；第二次是适应性训练近半个月后，在海拔 5600 米的营地；第三次是登顶下山后，在海拔 4400 米的营地；第四次是返回低海拔地区一个月之后。那次登山途中，科研人员还特地携带了离心机，先用它来分离蛋白，保留 RNA，然后放置到接近零下 200 摄氏度的液态氮中保存。

测试结果显示，我的血红蛋白的 RNA 并不活跃，表明我的身体并不适合在缺氧条件下进行运动，这是先天决定的。

但在登山运动中，身体会遇到的最大难关之一，就是缺氧。要登珠峰，这更是一道必答题。2003 年之前的六年间，我登过 13 座雪山，包括两座 7000 米以上的雪山和北美最高峰麦金利山，都是为了让自己的身体不断适应缺氧环境，为登珠峰做准备。但真正去登珠峰时，我还是因为缺氧而险些失去生命。

珠峰大本营的空气含氧量约为海平面的一半，峰顶约为

1/3。登山者需要提前一到两个月到达大本营,以适应空气的低氧量。组织者为登山者摸索出了一套行之有效的适应方案,让我们在各个营地之间反复训练、适应。人体此时在许多方面都要做出调整,例如呼吸加速、血液 pH 值改变、输送氧气的红细胞数量激增,这一转变需要在不同海拔高度的几个营地之间来回训练适应,数个星期才能完成。

海拔高度 7500 米以上的地带,人类的生存空间极为狭小。即使做好了适应性训练,越过那个高度,绝大多数人都必须补充吸氧,才可维持生存和继续攀登活动。

但实际上,即使吸氧,在那个海拔的每一分钟,人的大脑和身体也都在受到损害。脑细胞大量死亡,血液也变得黏稠,视网膜中的毛细血管开始出血。体温降低,极易受到高山肺水肿、高山脑水肿和冻伤的袭击,视力有时也会严重受损。更可怕的是,人的判断力也会随之迅速下降。根据高山医学估计,海拔 8000 米以上,人的智力大概相当于六岁的儿童。

2003 年 5 月 22 日中午,第一次登顶珠峰的途中,我遭遇到了因缺氧而导致的极限状态。

登顶那天,队长考虑到我的年龄,给予我特别优待,为我配备了两名高山向导,还多带了一瓶氧气。平时我都习惯了凡事自理,但在雪山上心里没有把握,就接受了队长的安排。

因为多配了一瓶氧气,流量就开得大一些,可以有更好的状态。但登顶过程中,英国队有队员受伤,我的一名高山向导

## 第一章 肉 身

加入护送行列，把另一瓶氧气带走了。而登完第二台阶，剩下的那瓶氧气又提前用完了。

氧气用完时，我马上感到呼吸困难，胸口像要炸开的感觉。离峰顶只有600多米了，但我步子越迈越小，停顿的时间越来越长。对讲机中，队长指令我立刻下撤！此时，几乎没有任何感觉，连恐惧都没有，只有意志还存在：上去再说。

到达峰顶后，我只待了几分钟就开始下撤。那时候是阴天，刮风，飘着小雪花。但走着走着，怎么觉得后脑勺暖洋洋的？是不是有阳光照着？本能地回了一下头。当然没有太阳了。再走，就觉得这种暖洋洋的感觉，从后脑勺到了前额，到了脸颊，到了胸……而且，浑身一点力气都没有，感到非常非常困，有一种只要你蹲下来闭上眼睛即刻就会进入天堂，就会很美好的感觉。但同时，又有另外一个声音告诫自己，你不能蹲下去睡觉，蹲下去就起不来了。

我在这种状态下挣扎着往前走，持续了20多分钟，睡意才消失，才又感觉到风雪交加。

之后的路上，向导帮我陆续捡到了有残余的氧气瓶换上。一直撑到海拔8550米处，才捡到了一瓶有1/3剩余的氧气瓶，脱离了危险。

上珠峰之前，我读过相关的书，知道在严重缺氧的情况下，人会犯困。如果支撑不住睡着了，基本上就醒不过来了。随队医生后来说，我产生阳光照射的幻觉时，已经是濒死状态。全身的温暖感，是人濒临死亡时的回光返照，意味着最后一个能源供应被调动起来了。但当我亲身处于那个状态时，没想到感受会那么甜美，整个人都被包围在一种非常强烈的甜蜜感之中。实际上，那20多分钟，是我人生最危险的时候，却一点儿都不痛苦。人当时需要竭力摆脱的，并不是痛苦的感觉，而恰恰是甜蜜。

虽然另外一个世界让你感觉很美好，但你宁愿停留在这个不那么美好的世界中，即时要摆脱那种甜蜜感的诱惑，真的挺困难的。我更深切地理解到，为什么很多登山者在这种情况下，坐下来睡着了，再也醒不过来，很可能就是抵不住那个诱惑。

当我摆脱诱惑缓过劲儿来，又感觉到风雪交加、举步维艰，但再痛苦，也比摆脱那个甜蜜感要容易。

人生，是不是同样如此？

这样的体验，不登山、不让自己的身体置于极端状况之下，是体会不到的。它既让我认识到自己身体的不利条件，也让我认识到了自己的意志和潜能。

我从小喜欢体育，可惜个子不够高，想打篮球但没优势，在校队踢足球也成不了主力。在学校参加体育比赛，最好的成绩是跳远少年组亚军。另外，掷铅球得到过第三名。在郑州的业余体校，我还参加过乒乓球训练，但打了两年之后发现，自

第一章 肉 身

1996年。那时候出差，常常都会背着球拍

己的水平总是比不上专业队员。

参加工作之后，一直到1998年——即将卸任万科总经理之前一年，我的身体还是和典型的职场人士一样，处于透支状态。想吃就吃、酒也在喝、常常出差。虽然保持着一定的运动量，比如踢足球、游泳、打网球，但作用有限。

1995年，万科开始与当时的深圳体育运动中心合作，对员工定期进行亚健康测试，比如快速运动之后，心脏从快速跳动回到正常跳动所需的时间；闭眼单腿站立能持续的时间，等等。五分制，从1995年到1997年，连续三年我的心肌功能都不超过两分。

同时，我的身体和普通人一样，经常会有各种问题。我小时候得过肝炎，那时候的肝炎不像现在这么普遍。到部队第三年，又是左眼视网膜病变，发现的时候已经是寄生病灶，打枪只能用右眼；零下20多摄氏度，爬到底盘下面去修车，又得了关节炎。服兵役期间，常年在戈壁滩上开车，酷热、严寒、饥一顿饱一顿，胃炎、鼻窦炎、中耳炎、气管炎、偏头痛都出来了。

特别是鼻窦炎和气管炎同时发作的时候，非常痛苦。鼻窦炎形成鼻涕，呼吸不畅，再加上气管炎症，两个地方都不畅，就会让人睡不着觉。离开部队十年之后，我的胃炎还平均一年发作一次，发作时胃出血，大便都是黑的。

我还有痔疮，登山时痔疮发作，真的是非常难受。还有牙周炎，也会影响睡眠。登山之后，我还得过带状疱疹，腰上长

## 第一章 肉身

一圈，非常疼，俗称"龙缠身"。得这个病是免疫力降低的结果，得过一次之后，一般不会再得。但我得过两次，是因为一边登山一边工作，身体严重透支！

在48岁开始去登山时，我的身体不但没有处于超人状态，反而有不利于登山的明显弱势。可以说，我的每一点进步，都是用加倍的努力换来的。

在登山队里，我常常是年龄最大的人之一。登山时，大家常常说我的耐力非常好，开玩笑说我是永动机。大家不明白，为什么登山途中我尽量不休息，是因为我走得慢。本来就走在队伍的最后面，再休息会拖累大家。而且，休息后再重新启动，要消耗很大的精力，还不如不休息。

第一次登珠峰，一共八个队员，我被分在B组，一度险些失去登顶珠峰的机会。

登顶的两天之前，我从一号营地走到二号营地，过了一个很长的雪坡，还有一个大风口，非常疲惫。到达后，我早早就钻进帐篷睡下了，队友大刘一次又一次地叫我，说外面珠峰的晚霞美极了，你不出来会后悔的。但喜欢摄影的我坚持没有出去。到达大本营之后的几十天里，我不为外界任何干扰所动、不做任何多余动作，就是为了最大限度地保存体力，能往上走一步，就要多走一步。这也是为什么在海拔8700米氧气用光、队长建议下撤时，我坚持要继续上行的底气所在。

2003年和2010年,我两次登顶珠峰,都是在5月22日那一天。第一次52岁,第二次59岁,两次都创造了中国人登顶珠峰的最大年龄纪录。我还曾用四年时间完成了"7+2"。

同时,我也清楚,登珠峰有十几条线路,分不同季节、不同装备的多种登法,我选择的是最合适的季节、最容易的路线,在人类的极限探索面前还是带有消遣性的。

但在对自我极限的探索方面,可以说我已经尽了最大的努力。两次登珠峰都是死里逃生。

2007年9月,在攀登海拔8201米的卓奥友峰时,我还曾尝试过无氧攀登,从海拔7550米的突击营地走到7900米的位置,意识到已经达到自己的承受极限,才接通了氧气。

最开始登山时,因为遭受了那么强烈的高原反应,我不是没有想过放弃。这是先天身体素质的弱势,完全可以选择回避。但我没有回避,而且最终克服了弱势,超越了自己。这种时候所获得的自信,对一个人是非常重要的。

**危险激发的潜能**

极限运动最大的魅力之一,是会在极度危险或极度匮乏等极端条件下,让人进入一种特别的状态,从而激发你的潜能。

开始登山的第二年,我就第一次遭遇了这种情形。

1999年,我加入一支台湾大学生登山队,攀登海拔5445米的新疆博格达峰。我晚到了几天,当我赶到时,他们已经尝试过一次登顶,但没有成功。当时天气不好,他们又经验不

第一章 肉 身

2005年12月，徒步九天，行走100公里抵达南极点

足，决定不再登。我当时还处在头脑发热的阶段，不甘心就这么回去，决定趁他们还没撤安全绳、正在休整的空当，一个人进山。

天气很恶劣，雪崩区雾蒙蒙的。我往上走了一大段路，发现在视野模糊的情况下，这个山段显得非常危险，不可能登顶。到下午5点的时候，我进退两难。如果撤下去，就得第二天再上来，会很消耗体力；而我所处的位置距离小雪崩区差不多只有30分钟路程，如果第二天天气变好，就可以成功穿过。

我决定留在原地过夜。但那里连躺的地方都没有，我也没有带帐篷，只带了睡袋。于是就在冰壁上打了两个冰锥，把睡袋挂在上面。温度太低，头只能套在睡袋里，呼吸很不顺畅。外面又极度寒冷。想让自己入定，效果也不好。只能一分钟一分钟地熬。

第二天天气仍然恶劣，我只好下山。但当我即将越过一段40多米长的65度冰壁时，发现原有的保护绳已经被飞石砸断了，我顿时产生了世界末日的恐惧感。

没有安全绳保护，意味着人随时有可能从陡坡上滑落。冰壁下面就是一条深邃的冰裂缝，掉下去不说生存无望，连尸体可能都找不到。事实上，也就是两年之前的1997年，一位日本女队员就是从这儿滑坠下去的。

那是我攀登的第三座雪山，我还是个新手，并不具备这种自救能力。所以我当时想，也许应该向大本营呼救。但我计

## 第一章 肉 身

算了一下,救援人员从大本营上来,最快也要两天时间才能到达,之后还要再下撤到突击营地,才会有水、食品和帐篷。而这种恶劣的天气、这种环境,干等两天之后我还能不能活着都是个未知数。

我决定破釜沉舟,不给自己任何指望,因为一抱指望就会犹豫不决,就会瞻前顾后。我关掉了对讲机,放进了包里,主动中断了和大本营的联系,决定靠自己的力量渡过这一关。

当时我的身体在哆嗦,最紧迫的,是要先把哆嗦止住。我突然想起,运动员上阵前,有的教练会给他一个巴掌,他会"啊"地叫一下,借此集中精力,保持信心。我开始打自己耳光并叫一声,再打一下再叫一声。很快,我的身体不抖了。这个坡面,我去的时候只花了20多分钟,回来时却用了两个多小时。下行过程中,我的注意力非常集中,甚至连风雪都感觉不到。终于到达安全区后,我的腿才又开始哆嗦起来,发现自己的后背全湿透了。

那是我毕生难忘的一课,让我认识到了自己的盲目自大。当时,我就觉得自己是很成功的企业家,登山技术也不错;而正是这种自大,将自己置于如此危险的境地。有了这一次的经历之后,再登山时,我就非常尊重队长、教练的安排了。

现在回想,13年的登山生涯中,什么场景给自己的印象最深刻?反而不是登上珠峰峰顶的那种感觉。登顶当然有感觉,但仔细回忆登顶的每一个细节,未必能回忆清楚。反而是进入这种特别的状态,连续两小时全身都处于高度紧张状的态来应付危险，潜能被激发出来的场景，才让人印象深刻。

一脚不慎，就会万劫不复。能够活着回来，已经是一个小概率事件了。我知道，如果我再冒险做类似的事情，就没有生还的机会了，运气不可能总是罩着你。

而在之后的生活中，如果有人跟我较劲，无形当中我又会想："你跟我较劲，你能较得过我？我在冰壁上挂过一夜，你挂过吗？"

## 第二节　理性地生活

**选择有节制的生活**

在山中，吃、喝、拉、撒、睡，每件事都不容易。

登山时，睡觉是个难关。初学者总把准备功夫用在白天的攀登上，往往忽略对夜间睡眠的适应。实际上，在高海拔的寒冷环境中，除非极度疲劳，一般很难入睡。所谓的睡着也是似睡非睡，一个短梦接着一个短梦，大部分时间是非睡眠状态。

如何在非睡眠状态下得到休息、恢复体力，有很多学问。因为睡不着觉，就盼天明，而天明又迟迟不来，这就容易让人急躁。

有时候，其他队伍还会传来有人因高山病死亡的消息，更令人恐惧，让人想睡又不敢睡，担心睡着了明天就起不来了。

煎熬之下，达不到休息的目的，反而在加速消耗体力和精力。这种情况持续一个星期，且不说白天还要攀登，人就已经

## 第一章 肉　身

被消耗垮了。

如何让自己心平气和，即使大脑不能入睡，四肢的肌肉也能放松下来，处于休息状态，这是最考验一个人自我调整的能力。

吃饭，也是因陋就简，常常好几天都只能用饼干、牛肉干、方便面这样的食物来对付。有时候，连这些都显得奢侈。

2002年登麦金利山南峰，早上8点从营地出发，登顶返回时，到晚上9点多还未到达营地，在下撤的行进中，我渐渐失去了节奏，左脚出现抽筋的迹象，并突然产生饥饿感。我停住脚步，对队长喊到，我要虚脱了，得休息5分钟，吃口巧克力。队长说还是继续赶路吧。但我已经支撑不住了，放下背包，一屁股坐下去，从冲锋衣兜里掏出一块巧克力，咬了一口。几个同伴远远地站着，等着我。我嚼啊，嚼啊，嗓子却干得直冒烟，怎么都咽不下去。保温水壶就在背袋里，却没有力气去取。

还有一次，在上山途中，要攀登一处冰壁，因为前一天攀登曾经大汗淋漓，我决定上身只穿一件排汗衣。没想到的是，乌云遮住了太阳，风越来越大，人贴在冰壁上感到透心凉。已经湿透的抓绒手套经风一吹，结成一层冰壳，十个手指头冻得不大听使唤。清鼻涕开始往下淌，干裂的上唇像被蜂蜇一样疼，还有一丝咸咸的味道。没多久，鼻涕变成胡须上的两道细冰溜。

保暖的抓绒衣、羽绒衣就背在身后的背囊里，但此时手脚已不大听使唤，取东西时可能会失手跌落背包，砸到后面上来的人身上。寒冷中我整整熬了一个小时，才终于登上冰壁。我用最迅速的动作穿上抓绒衣，再套上冲锋衣。没想到的是，这时候，第一个攀登上来的队友次洛从保温壶里给我倒了一小杯冒着热气的热水……

到达营地后，我还是浑身冷得直哆嗦。第一时间钻进睡袋里，希望能缓过劲儿来。后来在睡袋外又盖了一条睡袋，还是直哆嗦。队长一只手伸进睡袋，发现我的内衣全是湿的，我才说从大本营出发时精简行李，只带了一套更换的内衣，也已经湿了。队长这才把我扶坐起来，强迫我换上他的一套干爽的内衣。

有了这些经历，回到城市中，人就会不一样。

有一次，我和冯仑在纽约的一家餐厅吃早餐，是点餐制的，有英式餐、美式餐和欧式大陆餐三种选择，分别是22美元、23美元和15美元；前两种含两个鸡蛋，后一种不含。如果后一种加两个鸡蛋，加上8美元，也是23美元。

因为运动量大，我每天都会要两个鸡蛋。而按我的口味，欧式餐的水果、麦片粥等，最健康。但就是为了省1美元，我点了英式餐。

冯仑根本不相信，说不至于吧。

平时忽略的一些习以为常的东西，也会觉得非常珍贵。比

第一章 肉 身

如坐厕马桶，可以想象一下，在风雪交加、寒风刺骨的野外，露着屁股方便，是什么感觉？那时候，就会觉得坐厕马桶这种文明的产物有多美好，能洗一个热水淋浴是多么享受！

登顶之前，在接近山顶的营地，顶多有一小锅水煮点方便面，但这时候有人突然掏出一个红苹果给你，你会感到：第一，生命的存在；第二，友情的珍贵。在平常的生活中，如果有人突然递一个苹果给你，是不是会觉得怪怪的？但在那种环境里，就能体会到，现代文明给人提供了多方便、多美好的生活。

再比如出差住酒店，平时对房间里的鲜花、果盘视若无睹，但从山上回来以后，一看到鲜花，会突然感到和以前看到的鲜花不一样了，真美！水果不吃也要把它带走。就会想，这些东西你还会浪费吗？还会不在乎它吗？

记得2005年徒步南极的时候，每天早上出发前都要清理前一天晚上的营地，临行前再回头看看露宿的地方，想想一场大雪过后，所有踪迹都会化为乌有，只剩下白茫茫的大地，就觉得人类真的非常渺小、非常孤独。

这种挥之不去的孤独感，那些天一直陪伴着我。而且越是接近极点，感觉越强烈。企鹅、海豹都被挡在南纬60多度的圈外，茫茫天地之间，除了我们一行八人在不停地行走，再也看不到任何生物。只有到这时，才会感到我们生活的红尘俗世，原来是那么美好，那么有趣，那么值得珍惜。

开始攀登雪山七年之后，从2006年10月开始，我戒了酒。

那次是参加"重走玄奘之路"活动，我所在的小分队起名"八戒"队，要求队员在活动期间每人戒掉一个坏习惯，比如贪吃、懒惰、吸烟、饮酒等。

队友问我选择戒什么，我随口回答说戒酒吧。当时这个回答，并没有经过细想。第一天说戒酒，第二天见了酒，一点想喝的欲望都没有，好像换了一个人。那次活动是一个月，到中亚、到印度，喝酒的氛围都不浓，很容易就过去了。回到国内后，我就想接着戒半年。没想到这半年挺难的，因为没有禁止饮酒的氛围了。

举个例子，下班回到家很疲劳，情不自禁把冰箱打开，拿出一罐啤酒，正要拉开易拉罐的时候，才想起来我戒酒了，当然不能喝了，就放在桌子上。心里开始斗争，"我现在喝谁也不知道，"拿起来又要打开它，"不行，我戒了又喝，将来人家问你真戒了吗，你怎么说呢？"又放回去。就这样对峙五分钟，最后还是把啤酒放回去了。类似下意识的动作来回好几次，最后还是理性克制了欲望。这种情况差不多有半年吧，半年到期之后，就想可以再戒半年，后来又再续一年，没想到一直持续到现在，十二年了，不但不想了，闻到酒精味，还会感觉不舒服。

最近四五年，我又开始戒糖。戒糖比戒酒难得多。我喝酒量不大，还有点酒精过敏，稍微多喝一点，身上就会出红斑，不舒服。当然没有到不能喝的程度，和朋友在一块，一杯红葡萄酒还是挺享受的。糖呢，吃着很舒服。而且我们那个年代缺糖，现在有糖了，对我来讲实在是太诱惑了。巧克力、冰淇淋、甜品，我都非常喜欢。以前，巧克力可以一吃一大块，大桶装的冰淇淋，会拿上一个勺，边看电视剧边舀着吃。甜点也是这样，一块儿出去吃饭的时候，别人不吃我拿来吃，简直是主动请缨。这种情况一直到55岁，之后就不敢这样吃了，到现在更是基本上甜的东西都不沾。但戒糖的难度真的很大，糖可以说无时无刻不在，不仅仅是甜点、冰淇淋的事。

后来，我尝试着从认识论的角度来着手改变。

我们那个年代，食物凭票供应，都有饥饿的记忆，后来一有好东西，往往吃得就比较贪婪，恨不得一次就吃够。我也有吃到撑着的经历，好多次，很难受。心理上的饥饿，比生理上的饥饿更难克服。

人类进化为什么贪婪？从基因的角度来看，是因为物质的极度缺乏。不贪婪、不争夺、不自私是存活不下去的。但到了现代，物质突然过剩了（至少对中产阶级是这样的），但我们的基因还是饥饿基因。所以如果我们表现的行为是极度贪婪、极度自私的，这说明我们的基因已经不适合这个时代了。

人类喝酒也就是几千年的事，精制糖的历史也不长。但基因是几百万年形成的，想改变那种饥饿感不可能，所以如何在后天进行自我控制，需要找到行之有效的方法。一方面，意志显得非常重要；另一方面，就是认识论的问题，要认识到自己的贪婪。

人的贪婪，就是好东西都要据为己有，不吃就感觉吃亏，所以多吃多占。但如果你换一个角度，这种酒的美好、糖的美好，你其实都已经感受过了，你不吃它，但可以回味它。这个道理想明白了，或许就会适可而止。

认识到了这一点，对我来讲是很重要的转折。心态调整之后，就比较容易戒了。

再想一想，性欲的心理何尝不是一样，恨不得天下女人全是你的，这难道不也是一种贪婪？

我现在的饮食习惯，第一是吃七分饱，减少食量。第二是把三顿饭的重要性重新排序，重要的是早餐，一定要吃好。中午就是适量。晚上少吃。第三个是断，除了戒酒、戒糖之外，纯粹是从健康角度，有一段时间我完全不吃猪肉，但现在又回过来了。医生说我太瘦了，得吃肉，吃肥肉。我吃得太节制，运动量也过了。为了保证营养，我现在每天早上都会吃两个煮五分钟的鸡蛋，半凝固状态，不仅口感好，营养价值也最有效。

断还有一层意思，因为人毕竟不是机器，更不是填鸭，不是养鸡场的鸡。人还是有七情六欲。老家来人了，很高兴地在一块儿吃个饭，你太节制，就很扫兴，所以该尽兴就尽兴。但如果这一顿吃多了，下一顿就不吃了。

人的基因里是有暴饮暴食的模式的。原始社会打了一头动物，你能吃多少，就要吃多少，你不吃别人就吃了，而且也没冰箱,所以暴饮暴食是为了应付下一顿的饥饿。你既然暴饮暴食了,饿两顿,没问题。当然天天这样也不行。

另外,如果你已经两个月没吃甜食了,偶尔来一个提拉米苏,再来一个冰淇淋,也没问题。偶尔享受一下,也是必要的调节。

**63 岁练出了人鱼线**

我身高 1 米 75,从 17 岁入伍到 43 岁之前,我的体重一直保持在 70 公斤左右。

到深圳之后,生活一稳定下来,我就开始有意识地控制体重,一是不吃早餐,午餐、晚餐也尽量少吃;同时还尽量多运动。

但从 43 岁开始,我感到不吃早餐有点顶不住,开始吃些巧克力。吃了没两个星期,就开始吃正规早餐:麦片、鸡蛋、面包,外加黄油。一开禁,一年之内长到了 75.5 公斤。那时候就有小肚子了,晚上睡觉都不舒服。

相信了一位保健医生的话,不吃早餐容易得胆结石,而且对大脑细胞损伤严重。所以我没有停掉早餐,而是加大运动量。经过两年的努力,体重降到了 71.5 公斤。

可以说,去哈佛之前,我一直处于需要不定期进行减重的状态。靠锻炼、节食来调整,只要体重一到 73 公斤,我就会利用登山来减重。

1999 年到 2010 年之间,我平均每年登山两次,每次从一

2016年，郑州，以亚洲赛艇协会主席身份推广赛艇运动（子君摄）

个星期到一个月不等，登珠峰的话要两个月。但严格来讲，登山和日常生活是割裂的，没有让身体进入一个稳定而平衡的状态。像五六千米的雪山，登上一个星期，确实能减几公斤，但也很容易反弹。

2011年，60岁去哈佛，体重是72公斤，但很快就自然降到了67公斤。我自己分析原因，一是学习压力大，大量用脑；二是基本没有应酬；三是清一色西餐，食量好控制。

62岁去剑桥，养成了每天划赛艇或划船机的习惯之后，我的身体姿态发生了意想不到的变化。

我最开始体验赛艇，是2001年在南昌的体育运动中心。之后，在万科组织赛艇队，也积极参加训练和比赛。

但在国内划赛艇时，到哪儿都是安排亚运冠军、全国冠军陪练，人家会让着你。在万科内部划赛艇的时候，我平时不和他们一块儿训练，最多在比赛之前训练三次，还不是连续性的。

真正系统地进行赛艇训练，是2013年8月到了剑桥之后。

曾经有环球航海的梦想，在哈佛查尔斯河我练了两年的单人帆船，但到剑桥后，没有这个项目。我所在的彭布罗克学院，院长正好是剑桥大学赛艇俱乐部的委员会主席，他又知道我这个锻炼经历，就推荐我划赛艇。

赛艇运动是剑桥和牛津两所大学每年对抗的项目，具有国际传播和影响力。剑桥33个学院都有自己的赛艇俱乐部，但最优秀的是由大学组成的公开级和轻量级的男/女生俱乐部。院长特别安排我进了大学的男子轻量级俱乐部接受训练（注：男子轻量级队员的体重不得超过72.5公斤）。

没想到，第一次陆上训练，就把我给练趴下了。

能来剑桥读书，都是强者里的强者，跟着这群20多岁的学生一块儿进行各种器械训练，得咬着牙硬挺才勉强能跟上训练强度。第一次训练完之后，我的小腿抽筋了。我是骑自行车去的，回家时就发现骑不动车了，一瘸一拐地推着自行车往回走。但这个时候，奇妙的事情发生了，我突然听到自己在吹口哨，像年轻谈恋爱的时候那样。虽然疲惫，但身体有一种意想不到的舒坦，多少年没体会过这种状态了。

第二次去训练时，我把这种感受说给教练听，教练笑了笑，说是因为无氧训练激发出了你的肾上腺素，刺激了你的神经系统，让大脑激发出了幸福激素内啡肽。

实际上，后来训练的强度、密度都比我原本想象的要大。5点半起床，6点开始，一周要训练五次。但这么大强度地练一次，会从早上开始舒爽一整天，而且一天不训练，身体就会不舒服。

很快，我就在剑桥养成了有规律的生活习惯。每天早晨5点半起床，6点开始划，划到7点半回来冲洗一下，吃早餐，再开始一天的学习。

训练都是编组，四人艇或双人艇，人家上单桨我就上单

第一章 肉身

桨,人家上双桨我就上双桨。刚开始根本就跟不上,但还是咬着牙硬撑,慢慢地,就撑下来了。

后来,我索性增加到一周训练七次,也坚持下来了。

我主要接受的是四人艇训练。我刚开始划一号位,是最容易被取代的位置。后来换到划领桨位。领桨位控制速度,把握节奏,其他的人都得跟着你。时间长了,我跟同学们也都成了很好的朋友。离开剑桥时,男子轻量级俱乐部特别授予了我荣誉队员称号。

现在,一年365天,不管在世界哪个地方,我都尽量保证规律作息和足够的运动时间。每天0点到1点之间睡觉,5点半左右起床,6点开始在健身房练一小时到一个半小时。有条件的时候,还会去户外划赛艇,代替在健身房的运动。这么早起床,睡眠当然不够。所以我会利用乘坐交通工具的空当打瞌睡,五分钟小酣,十分钟入梦。

以前,我只知道赛艇是肺活量最大的运动。后来,我体会到,赛艇有一整套完善的科学训练系统。所以,赛艇运动一定要有教练指导,这和健身需要请教练的道理是一样的。在剑桥,每支赛艇队都会有自己的优秀教练。

现在奥运会的游泳比赛,选手们争的往往是0.1秒或更短时间的差别,就是因为游泳这项运动的科学已经足够发达。而赛艇科学的发达程度和游泳是一样的。

赛艇的形状和中国的龙舟类似,但它有两点改动,一是两个支架，把长桨放在支架上，这样就有了力学的支点，把人的全身力量通过支点放大，摇动长桨，充分利用到了杠杆作用。而龙舟是短臂，只能利用到手臂的短距力量。第二是划座，划的时候腿可以蹬，有60%的力量来自腿脚。全身用力、通过脚蹬，把力传到桨上。动作要有节奏，呼吸要平稳。另外，赛艇的材料已经用到了新的碳纤维，通过材料的轻盈提高了速度。

在这样的设计下，划赛艇就能锻炼到全身很多部位的肌肉，而且有一些是平常锻炼不到的地方。

同时，很重要的是，赛艇有一套科学的训练方法，其中一个重点，就是有氧运动和无氧运动结合进行。

就拿我在剑桥的训练举例。赛艇队的要求是，一个星期两到三次下水训练，两到三次陆上训练，加在一起总共五次。下水训练之前，也会有简单的陆上训练。

很特别的是，陆上训练时，会有两次强度非常大的训练，其中就包括一定时间的无氧运动。

简单地说，当你运动时的心率达到"220减去你的年龄数"，就达到了无氧运动的标准。非洲草原上的猎豹追捕羚羊，瞬间启动，几十秒钟内时速从0到120公里。猎豹和羚羊这种竭尽全力的奔跑，就是典型的无氧运动。

有氧运动燃烧脂肪，无氧运动则是脂肪燃烧到了极致，但速度继续增加，就燃烧葡萄糖。只有无氧运动能锻炼到神经系统，从而调整、激发人的协调能力和平衡能力。

我看过一本抗衰老方面的书，叫《如何逆生长》，是西方

## 第一章 肉身

一位运动爱好者和一位医学专业人士合写的。这本书的一个观点，就是倡导大家在男性60岁/女性55岁之后加大无氧运动的比例，同时有氧运动和无氧运动相结合。这个观点有真实的案例和大量的数据做支撑。

书中提到，按分子生物学的理论，人有两种基因可以帮助身体进行恢复。一个叫C6，一个叫C10。

C6可以延缓身体的衰老，但只有C10能帮助身体恢复原来的功能。而只有在无氧运动的时候，才能把C10激活出来，从而增加骨髓造血功能，刺激骨髓增长；使神经连接更协调，让神经更活跃；并延缓肌肉的衰老。

人老最先老的是腿，老年人容易摔倒，就是因为肌肉萎缩了，骨质疏松了，神经系统反应迟缓了。而加大无氧运动的比例，就能够明显延缓衰老的过程。

无氧运动持续不了多长时间，而且每次无氧运动之后，身体需要48小时才能修复正常，所以一周最多三次。而有氧运动每天都可以。有氧运动时应该达到的心率标准，是无氧运动心率的65%—80%。

在健身房，我进行无氧运动时，如果有测功仪（划船机），我一定会先选择测功仪，只要速度上去，就会达到无氧标准。再一个，我也会用无氧器械，最典型的就是杠铃、哑铃，按照科学的强度和频率，锻炼身体不同部位的肌肉……

这么几年坚持下来，我的身体有一种脱胎换骨的感觉。

划赛艇之后，我的体重降到了64公斤。拿现在的照片和2011年留学之前的照片比较，会发现状态明显不一样了。人瘦下来，显得很清爽。划赛艇之前，我总是担心饮食控制得不够好，运动量不够。现在，倒过来了，医生常常提醒我，你太节制了，脂肪率太少了，你得多吃一点，减少一些运动量。

而我自己最直接的感觉，就是划赛艇之后，体力明显恢复了。我有腰椎间盘突出症，以前登山的时候如果突然发作，就得打封闭，不然走不动也躺不住。但2013年系统地划赛艇之后，就再也没发作过。道理很简单，原来腰椎受伤更多是因为挤压，但划赛艇之后，腰椎附近的小肌肉群练得强壮了，就撑起来了。

最近这几年，虽然遇到了万科企业文化能否延续的严重困扰和纷争，但形成的运动习惯、生活规律都没有改变，我能感觉得到，这种良好的生活习惯能够持久地给人带来一种能量，让我能一直保持很好的精神状态。

划赛艇之后，还有一个意外的收获就是我练出了人鱼线。

这个让我非常感叹。一直以来，我都向往希腊文化，向往奥林匹克精神，但从来没有想到过自己会练出肌肉线条来，会这么真切地感受到身体之美，而且是在63岁的时候。

牛津、剑桥的这项运动能延续160多年，成为世界的盛事，与始自古希腊的科学精神是分不开的，我在剑桥划赛艇，无意中进入了一个非常科学的训练系统，很幸运。我又很感慨，60多岁了才开窍，如果早一点开始，身体会更好……

## 第一章 肉身

我对待身体的总体原则，是保持理性。但实际上，我也有非理性的一面。1995年查出血管瘤时，医生几乎是宣布我要瘫痪了，让我不要运动。但是我却背道而驰，开始登山、飞滑翔伞。

2001年5月登西藏的章子峰，途中在定日过夜。晚上我们从招待所去一个餐馆吃饭，我一个人走在最后，没想到被院子外的三条狗扑上来咬了，我一条腿的裤子完全被撕开，肉也被撕开了，血淋淋的。前面的主人听到，就回来把狗吆喝走了，但没发现我被咬，我也没说。餐馆里只有油灯，大家也看不见。一直到吃完饭了，我才告诉大家说，刚才进来被狗咬伤了，必须要紧急处理一下，还要打狂犬疫苗。我之前为什么不说呢，因为我知道一说，大家这顿饭肯定就不会吃了。

那次很曲折，晚上9点多在定日得知当地没有狂犬疫苗，当晚11点多赶到拉孜，凌晨4点多赶到日喀则，都没有找到疫苗。直到第二天下午两点多，才在拉萨的防疫站找到。

狂犬疫苗一个月要打5针，我就买了疫苗，随身带着自己打，继续回去登章子峰，最后顺利登顶。

还有一次，2000年，在亚布力和朋友们一起滑雪。早上8点大家一起开始滑，还没滑20分钟我就摔了一跤。我把手套一摘，看到大拇指已经脱臼了，当然很疼，我心想才滑20分钟呢，现在就去医院，多扫兴啊，就没有理它，手套再戴上，继续滑。滑了三个小时，滑完之后去吃午饭，等班车来接，我就坐立不安，因为人一不活动，手就很疼。我旁边坐的是张朝阳，他就问你的脸怎么看起来是蜡白色的？我才告诉大家事情的原委。车来了，到了医务所，医生一摸，"咔咔"响，不但脱臼，还是粉碎性骨折。

医生说必须拍片子，让我马上出发去哈尔滨治，因为脱臼时间长了，长不好。但下午有个论坛我得发言，我就让医生先把脱臼问题解决一下。

他说你怕不怕疼，我说怕疼，但是怕疼你也先把脱臼解决了。他摸了摸，使劲儿一压，我就"嗷嗷"叫了一声，跪下了。非常疼，但脱臼解决了。医生临时弄了两个小勺，在手指上对着一扣，用绷带给我扎上了。然后，下午我还是去亚布力论坛照常发言，两个小时全程参加，完了连夜赶到哈尔滨，拍X光，一看不用手术，就打石膏让它自己恢复，整个手都糊上了。结果第二天去长春，临时安排要见市长，我想这有点太狼狈了，又找了把剪刀，硬把石膏都去掉。在长春见完市长，吃完饭，再把石膏打上去。

你要我解释为什么会这样，我觉得没什么可以解释的，只能说我的性格就是这样。人就是这样的矛盾和充满悖论。一方面，饮食、运动、生活作息，非常讲究，很在乎细节，逻辑性非常强；另一方面，又充满了游牧民族的野气和率性。我觉得这才是人性。如果偏离了某一方面，是不是会觉得自己缺少了点什么东西？

# 第二章

# 空 间

我的改变：个人的现代化40年

## 第二章 空 间

如何为自己的个性争取足够的空间，如何处理好个人与集体、个性与共性的关系，对我来说，一直都是一个必须认真对待的问题。

梁漱溟先生在《东西文化及哲学》一书中写道，"据我看西方社会与我们不同所在，'个性伸展、社会性发达'这九个字足以尽之"，说的其实是有关"现代化"的问题。像我这样一个热爱自由、个性鲜明的人，在个性伸展问题上，碰到过很多困难。

从17岁参军到32岁创业，我经历过漫长的个性压抑的过程。那15年，我面临的是对部队"整齐划一"要求的不适应，是个人才能无法施展的痛苦，还有在体制内单位所受到的个性压抑；32岁到深圳创业之后，作为一个企业的领导者，我在思考这个问题时换了个角度，面临的是如何为年轻人营造一个公平、公正的环境，既致力于建立集体的共同价值观，又尽量保证每一个员工都有个性伸展的空间。同时，作为一个企业的创始人和权力掌控者，我还需要处理好个人权威与企业发展的问题，需要知道如何限制自己的权力，以保证现代企业制度的有效运行和公司的创新活力。最后，还要知道如何以最妥善的方式让渡自己的权力。

此外，在漫长的职业生涯中，我没有忘记给自己和公司员工的天性留下一定的空间，也正因如此，我们没有错过生活本身的乐趣。

## 第一节　压制不住的天性

**天生好动**

我母亲是东北人，老家在辽宁义县的旧陵村，锡伯族。

据专家考证，锡伯族是东胡系鲜卑的后裔，是一个习性强悍、能征善战的游牧民族。1764年，锡伯族中的一个分支曾历经一年零四个月，跋涉万里，从盛京（沈阳）迁徙至新疆伊犁，以充实边境防务。

我母亲的祖上曾是清朝官员，直到她上小学，家境都还不错。但据说是我姥爷的纨绔习气导致家道中落。到她上女子高中期间，家中已无力负担她的学费。那时候，她激烈的性格就已经表现出来。她不肯辍学，先是跟家里奋力斗争，后来还生了一场大病。性格和顺的姥姥拗不过她，就纳鞋底挣钱，供我母亲继续上学。后来支撑不下去了，我母亲不得不辍学，到义县的电话局去工作了。

在那个小县城，电话局是个时髦的工作。我母亲爱画画，也爱听京剧，加上她鲜明的个性，应该是个引人瞩目的人。

就在她工作的第一年，抗日战争结束，民主联军进驻东北。她在一位地下党员老师的影响下，主动参军。我父亲当时正好负责招兵，两人就此相识。

参军后，母亲没跟姥姥商量，只留下一封信就走了。姥姥急得看到信就去追她，从义县追到锦州，又从锦州往南追。姥姥当时还裹着小脚,就这么追了一年多,最后也没追到,以为女儿死了,一个人回到了义县。

她没想到的是,不久之后,母亲带着父亲,两人坐着一辆骡车出现在了旧陵村。父母把我姥姥和舅舅两人接了出来,一家人跟着部队南下。全国解放后,我父母都去了铁路部门工作,一家人仍然处于四处迁徙的状态。

1951年1月,我在广西柳州出生,是家里的长子。我父亲姓王,母亲姓石,给我取名王石。

我上面有两个姐姐。在我一岁左右,全家搬到了广州。两岁左右,又搬到了湖南衡阳。双胞胎弟弟就是在衡阳出生的。弟弟们出生不久,我就一个人跟着姥姥回到了辽宁山区的老家,在那里待到五岁左右。那期间,全家又搬到了北京。在北京,又有一个弟弟、两个妹妹出生。

我五岁左右回到家中,在北京待到八岁。1959年,我上小学二年级时,全家搬到郑州,这才算安定下来。

现在回想,身上一半游牧民族的血统、父母南征北战的经历、小时候对四处迁徙生活的适应,可能都对我的性格有所影响:好动,爱自由,不愿被束缚。

17岁离家后,我自己也是先在新疆当兵,之后回郑州当工人、去兰州上大学、去广州工作、去深圳创业。从去深圳开始,我更是开始了频繁的国际旅行,后来又完成登山的"7+2",到哈佛、剑桥、牛津等大学访学,一直没有停过。

回想自己这种好动的性格，从有记忆起就是这样。我记忆中最早的，就是三四岁时在辽宁山区姥姥家的画面。

一个是早春冰刚化的时候，我用玻璃罐头瓶在河边抓了几条小鱼，很得意地回家给姥姥看，自己却冻得浑身哆哆嗦嗦的。姥姥看到一下子就非常心疼，怎么弄成这样了？

还有一个画面是在邻居家，我在厨房玩刀，大人担心我受伤就赶紧来夺，不小心把我的大拇指划破了。姥姥很心疼，让我印象也很深。

上学之后，我们姐弟妹寒暑假轮流回义县山区姥姥家。我每次回去上山下河，都是最开心的时候。还记得有一次，我们去地里偷香瓜，别的孩子都被看瓜人吓跑了，我却借着瓜秧的掩护一动不动，最后用圆领衫做口袋，背了一大袋香瓜回去分，立刻成了村里一大帮孩子里的头儿。

那时候，我父母工作都很忙，常常见不着他们。尤其是我母亲，她做过郑州火车站的副站长，郑州是铁路大枢纽，忙起来经常没日没夜的。

我母亲很有魄力，不是那种深思熟虑、小心翼翼的人。从来都是认准一件事，就马上行动，没有忌讳。

记得我十三岁那年的暑假，母亲给列车员托付了一下，就让我这么一个小学生带着两个弟妹，从郑州坐火车回义县，途中要在北京、锦州转两次车，最后在一个叫里金的小站下车后，还要走十几里山路。

我们三个小孩坐了两天两夜的火车之后，有点迷路，走山路又多走了十多个小时。本来下午三四点就该到，却一直走到深夜 12 点。姥姥当时急得不知该如何是好。到家之后，我睡了整整两天。但即便这样，下一个假期，母亲照样让我们这么回去。

小时候在我们家里，母亲说一不二，拥有绝对的权威。八个子女，管教起来那种咄咄逼人的势头，到现在都记忆犹新。但她粗放式的管理，无形中也给了我们培养自我意识和自由意志的空间。

我父亲的性格比较内向，一辈子沉默寡言，羞于表达自己。回想起来，我和父亲之间一次深入的谈话都没有，很遗憾。

关于他的过去，我们知道得不多。只知道他是从安徽大别山出来，参加了红四方面军。他们兄弟五人，有三人参加了红军。中华人民共和国成立后，在我们家人口众多、经济困难的情况下，他和我母亲曾几十年坚持不懈地往大别山老家寄钱，帮助一位残疾后退伍的堂弟。

父亲经历过长征，级别比我母亲高，但在家里不像我母亲那么强势。他没有受过正规的学校教育，只是 1949 年之后，上过速成中学。虽然出来参加革命，在城市工作，但中国农民那种最本分的东西，在我父亲身上一直没有改变。

我父亲很少说教，很少会告诉你应该做什么、不做什么。所以年轻时，我一直以为自己的性格受母亲影响更多一些——敢闯、马上行动、没有忌讳等等。但后来，我慢慢意识到，自己很多方面跟父亲也很像。

说老实话、办老实事、做老实人，我父亲一生如此。就是在"文革"之中，也没有违背过自己的原则。对他而言，做人的尊严比什么都重要。这些都深深地影响了我。

另外，我初入社会是在部队，不得不上台当众发言时，竟然想到用恶作剧的方式引得大家哄堂大笑，以掩饰内心的紧张。其实到现在，成为公众人物多年，公开发言时心里还是非常紧张，有时候甚至会紧张得大汗淋漓。

父亲的酒量也很小，喝一小杯脸就红得厉害。

小时候我对父亲最深的印象，是他种的那些花草。我五岁在北京时，我们家住在一栋四层老公寓楼的二楼，公寓的走廊上，摆着一排我父亲种的花。后来搬到郑州，住的是类似联排别墅的干部别院，有自己的花园，也是种满了花，印象最深的有石榴、玫瑰、迎春等。

有一次学校开家长会，班主任想在教室里摆一些花做装饰，我就主动提出，把家里的花借给班里。老师高兴地用三轮车拖了很多盆。实际上，其中有一些，属于单位给我父亲的待遇。那次还有同学问我，你们家是不是专门养花的？我才意识到，不是每个同学家里都和我一样。

1960年，度过"困难时期"时，我们家配额定量的口粮不但分量不足，而且分到的常常是红薯等吃不饱肚子的瓜菜，孩子们又正处在长身体的时候。父亲把花园里的花草全部拔掉，改种蔬菜；还专门去郊区找了块地，自己种小麦。每个星期天，他都会带上两三个孩子到郊区的那块地里去。他在田里劳动，种麦子，收麦子，我们小孩子在旁边玩。

种花种草、在田里劳动，应该是父亲最开心的时候。这时候，最能看到他农民的本色和对土地的热爱。这种对自然的亲近，也影响了我。我60岁去哈佛上学后，迷上了植物分类学。巨大的学习压力下，每天上下课路上拍几张植物照片，按植物分类学的方法去搜索植物的名字和特性，成为我最好的放松途径。

我们上学时，因为午休时间很短没时间回家吃饭。有时候，父亲会让保姆把饭做好，然后他骑着自行车给我们兄弟姐妹一间学校一间学校地送，不肯让我们像其他同学一样，吃早上带去的冷饭。

从小在城市里长大，又是中级干部家庭，在别人看来是相当不错的。但那是一个物资缺乏的年代，我们家又是八姊妹，生活很朴素，并没有很优越。

上小学时，我的梦想就是当个农民。原因很简单，在姥姥家，不但上山下河很好玩，而且什么都可以随便吃，品种丰富，量又足。后来才知道，姥姥一年中省吃俭用，好吃的都留着，才有这么多东西等着我们回去时吃。

那时候顺着天性成长，没有太明确的志向，也不那么爱学习。小学和初中，我就是数学成绩突出，其他科目成绩平平。但非常明显的，就是迷恋探险书籍，像《海底两万里》《鲁滨孙漂流记》《八十天环游世界》《汤姆·索亚历险记》等，对这个世界充满好奇。上小学时，一次爬树掏老鸹窝下不来，还惊动过消防队。上中学后，我们几个同学还常常会约在一起，星期天骑自行车去郊区。我一个同学的父亲有个渔网，我们就把网带着去郊区水库网鱼。网到了鱼，还会用土围一个小水坑，把鱼放在水坑里玩。

1966年，"文革"开始。当时我15岁，刚上初一。8月18日，毛主席在天安门第一次接见红卫兵。8月31日第二次接见时，我去了北京。人太多了，什么也没看见，但成为红卫兵是很让人兴奋的事。

就在这次毛主席在天安门广场接见红卫兵后不久，我就失去了当红卫兵的资格。母亲因为伪满洲国时期在义县电话局工作过，被打成"走资派""日本特务"，游街、批斗、下放农村。母亲为此还跟我们专门谈过话，说拖累了你们，感到很抱歉。

父亲没有受到太大冲击，但也被下放到"五七"干校，"文革"期间再未被任用。

还有人想用"借住"的名义占用我们家的住房，但终因我们子女众多，未能遂愿。

家中秩序一时大变。父母不在家，我们的课业又陷入停顿状态，外面的世界则是拉帮结派、文攻武斗。

但因为是在这样的一个家庭里长大，父母把我们保护得很好，让我养成了一种无忧无虑的性格。"文革"来的时候，对我来说，印象最深的就是串联，自由自在地四处旅游。其他的，当时可以说并不了解。

乘着全国大串联的热潮，我走了很多地方。甚至在1966年12月国家停止免费提供交通食宿之后，我也靠着扒货车等方法，继续云游。

不光北京、广州，像昆明、重庆等这些刚开通运输线路的地方，我也去了很多。

那时候扒货车需要了解很多知识，一是要明白那种盖帆布的敞篷货车才是最安全也最舒服的选择，二是要尽可能地了解货车的编组信息，"到哪一站会重新编组""多久才会重新出发""各节车厢会被分别运往何处"等等。

风餐露宿，但只觉得乐趣无穷。去大西南的时候，火车要连续钻隧道，爬上坡爬得吃力，煤燃烧得不完全，吐的都是黑烟，几个山洞钻出来，大家互相一看，脸全是黑的，谁都不认识谁。

1967年冬天，上初二时，我还带着一个初三、一个高二的学生，三个人一起去了趟辽宁义县我姥姥家。一路上，大事小事怎么安排，都是我来张罗。

"文革"开始后那一年多的时间里，未来会怎样，并不是很清晰，我只是急着要去没去过的地方，探索未知的世界。直到1968年，我母亲恢复工作，17岁的我通过政审，应征入伍，才从此踏入了社会。

**初入社会的压抑**

参军后,我被分配到空军汽车三团当汽车兵。头半年是在徐州学驾驶技术,之后就一直在新疆执行运输任务。在徐州学习结束时,我已经能够驾着重型卡车从两根独木上驶过。

准备参军时,我对部队生活满怀憧憬,以为自己会在部队干一辈子。父母的想法也是如此。但实际上,还在徐州新兵训练营的时候,我就知道自己的个性不适合部队。

部队强调共性,要求军人以服从命令为天职,从外在行为到内在思想,都要"高度的同一"。这个我非常不习惯。

我们当时的生活是,每天早上7点左右起床,第一件事就是早请示,大家拿着红宝书,一起念:"祝毛主席万寿无疆、万寿无疆;祝林副统帅身体健康、永远健康。"因为刚起床,想去厕所,很多人裤子都没系好,提着裤子在毛主席像面前站成一排。然后早操、吃饭,开始一天的工作。

晚9点睡觉之前,还要搬个小板凳围成一圈,晚汇报和分组学习,检讨一天的思想和行为,狠批"灵魂深处一闪念"。

每天的工作生活,都是以七八个人的班为单位,统一行动,互相监督。

而受母亲性格的影响,我天生就不愿受约束,总是忍不住显露自己的个性。

一次带有比赛性质的"忆苦思甜"大会,我被要求上台发言。"忆苦思甜"一定是要讲你的父辈在过去怎么被地主剥削,怎么痛苦,但我没有这些印象,焦虑之下,想了个出奇制胜的法子。我把三张稿纸粘成一长条,一上台,就"呼"地一溜抖了下来,想博个彩头,也好让自己放松下来。台下果然哄堂大笑,但这种出风头的行为,下来立刻受到了批评。

一天晚上,排长来我们班组织学习读报,介绍一个叫门河的部队干部的先进事迹。里面有一个词"兢兢业业",排长读成了"克克业业",我就笑了。排长问笑什么,我说读错了。排长一时还接受不了。我又接着说,你少了两个"克",应该是"克克克克业业"。第二天早操时,他就找了个由头,罚我多跑了两圈。

部队生活开始之后,我很快就感受到农村兵的竞争。1968年征的都是城市兵,而之前的几届都是农村兵。

最明显的是在农场干活时。7月份小麦成熟,部队让大家比赛割麦子。虽然我有跟着父亲种麦子的经历,但真的在地里干起活来,完全比不过农村兵。我当时心想,速度快不过你,但绝对不认输。中午你们休息的时候我不休息。到最后,腰弯得撑不住了,还跪下来继续割。

即使这样,还是比不过。技能比拼也是一样。驾驶技术、排除汽车故障、被子叠豆腐块、跑操……我竭尽全力,也无法拿到第一名。好胜心受到了巨大的打击。

更让人困扰的是,我不喜欢开汽车。我初中时爱摆弄半导体,专门去上海买过半导体器材,特别希望能当一名无线电兵。到了徐州的新兵训练营,得知自己被分配去当汽车兵,心中很失望。训练营的旁边就是第十二航校，训练飞行员的，天天都有飞机飞起来。附近还有一个坦克二师，坦克天天开进开出。

而我们的运输任务，主要是在南北疆之间运送航油。一个车队，一溜大油罐车，一天 300 公里，一次要走 12 天。夏天 40 多摄氏度，冬天零下 20 多摄氏度。沿着塔里木盆地走，茫茫大漠，常常一整天开下来，只看得到两个兵站的人。那种绝望的心情，我到现在还记忆犹新。

如果能准时到兵站，还有一口热饭吃，不然挨饿是常有的事。遇上汽车坏了，大风大雪，就得在野地里冻着。

我们的营地，建在吐鲁番盆地的一个风口，刮起大风来，连大油罐在地上都固定不住，被风吹得在地上乱滚。而最难受的，是半夜起来轮岗。即便白天跑了 300 公里，外面风雪交加，晚上也得从床上爬起来去站岗。多的时候一周会轮到三次。

那几年得了很多病，有的病，比如胃炎，复员十年后都还没好。

同时，不愿受约束的性格继续给我带来麻烦。一次在南疆执行运输任务，途中宿营在一个三岔口兵站。我看时间尚早，就一个人去附近登登山。本以为晚饭前可以返回，就没跟任何人打招呼。但天黑之后，我还困在半山腰，一直到次日凌晨才

## 第二章 空间

摸下山。没想到的是，整个车队彻夜都在找我，担心我被逃犯劫持或杀害，因为附近的劳改农场刚刚逃出了两个重刑犯。

17岁到22岁，正青春的时候，不能去上大学，而是在这里开汽车，绕戈壁滩，心里很痛苦，一直想离开。所以到1973年，一有机会，我就申请了复员。

决定复员后，我给母亲写了一封信告诉她我要回来了。她知道后，感觉很意外，因为一直以来家里得到的都是正面消息，入伍不到一年，就入团、入党、升任班长。虽然一直想离开，但该努力时，我还是非常努力。

母亲以为我是犯了什么错误，从郑州坐了三天三夜火车赶到新疆。她找到我的排长问怎么回事，排长说不是我们不留他，是他自己要走。区指导员还对她说，只要我同意留下来，马上就"提干"。母亲摸清情况后，不同意我复员，找我谈话谈到深夜，力图劝我留在部队。

从小以来，母亲对我们都非常强势，说一不二。这是我第一次没顺从她的意见，坚持说想上大学。不久之后，我就顺利复员了。

复员时，工作没有太多选择。我的两个双胞胎弟弟，和我同一年参军，同一年复员。因为没有一技之长，一个到了河南南阳的彩色胶片厂当工人，一个到郑州郊区的某个火车站当行李员。我因为会开车，选择稍多一些。一是当司机，当时司机、医生和肉店售货员是三大热门工种，我可以去政府机关开小车，也可以开公共汽车或长途运输车；另一个选择，是到郑州铁路局水电段的锅炉大修车间做工人。

我选择了后者,因为我担心司机会成为终身职业,而去工厂,虽然是重体力活,但有推荐上大学的机会。

在锅炉大修车间,劳动强度非常大,从早到晚抡大锤,真的顶不下来。但顶不下来,也得硬顶。当时我们每个月的口粮是按计划供应,整个铁路系统,最高的标准是火车上的司炉工,也就是在蒸汽火车上铲煤的岗位,每月51斤;其次就是我们,每月49斤;而解放军战士的定量是45斤。我们还有一项工作是卸钢板,最重的钢板一块1.2吨,也就七八个人抬,常常一块钢板抬下来,肩膀上都是一道一道的血印。

一天工作八小时,回到家中,总是累得趴在床上,什么都不想干。但在那种情况下,我仍然给自己加码,安排了超负荷的事情,为未来做准备。好不容易从集体生活中解放了出来,我要自己安排好自己的生活。

最重要的事情当然是为上大学做准备了。工作日的晚上,我都会尽量抽时间复习功课,常常会到0点以后。但星期日,我给自己找了一对夫妇做家庭教师,两口子都是60年代初因印尼排华而回国的华侨,都是建筑师,男的拉手风琴,女的会唱歌。我就跟着学手风琴。另外,我还跟着一位中学美术老师学油画,有时候还会学学小号,甚至小提琴。

同时,也会抽出时间来谈恋爱。我带我的初恋女友回家时,母亲提前了解到详情,觉得不满意,借故躲了出去,结果把我父亲憋在家跟我们聊了好几个小时。

从部队转业的复员费，我全部拿出来，买了一部照相机、一台放大机。很多个星期日，我还会坐上火车，去外地"一日游"。回想起来，那时候的精力充沛程度，真是不可想象。比如去北京，星期六晚上坐火车出发，第二天早上到。玩一整天，晚上再坐火车回郑州。另外，还去过开封、洛阳、西安等很多地方。

和部队相比，工厂的生活还是多了一些亮色。虽然上大学的名额迟迟不来，来了也不一定争取得到，但我当时还是生活在希望之中。我相信，机会会留给有准备的人。大学今年上不了，还有明年。明年不行，还有后年。我坚信自己不会在工厂干一辈子。

工作了一年半之后，我所在的工厂终于有了一个推荐上大学的指标。指标是直接分配给工厂，各个车间的各个班组进行推荐，由工会和厂领导最终决定。我们那一批复员的差不多有三十个人，厂里把那个指标给了我。经过综合评定，我是表现最突出的人。

我上的是兰州铁道学院，工农兵学员身份，被分配到的给排水专业也不是我喜欢的专业。在学校学到的东西并不多，完全是靠自学，才学到一些有用的知识。1977年毕业后，我被分配到广州铁路局工程五段，做给排水技术员，主要负责辖区内铁路沿线的一些土建工程项目。施工期间，常常要在铁路沿线住工棚，条件非常艰苦。1980年，通过招聘，我进入广东省外经委工作。

刚到外经委的时候,有一种新生活开始的感觉。当时的广东是全国改革开放的先锋,在外经委工作,更是有很多跟外商打交道的机会,非常能开阔眼界。

刚去时,我工作非常努力。但时间长了,才慢慢意识到,这里和部队一样,不鼓励年轻人显示个性。

1982年春季广交会,单位宴请一位重要厂商时,为了调节气氛,我主动讲了一些轻松的话题活跃气氛。宴会中我还挺兴奋,以为自己表现得很好,没想到宴会一散,科长就把我拽到一边,严肃提醒,说我把外经委主任、处长的风头都抢去了。这让我想起十年前在部队的一次经历,跟这次的情况非常相似。我和排长、连长讨论一件事,我急于发表意见,锋芒毕露。当时指导员就对我说,你很像个小连长啊。我真把这话当表扬了,很得意。没想到下来之后,排长把我狠狠地训了一顿。

那次宴会之后,我上班不早到一分钟,下班到点就走。10%的精力用在工作上,90%的精力用在工作以外,上夜校,玩越野摩托车、乒乓球和象棋,听音乐会。到年底总结工作,领导却觉得我发生了令人欣喜的变化,评价说我变得稳重成熟了。

像在部队那样,我又有了出离之心。

我岳父在深圳/香港边界的皇岗村蹲过点。1983年春,皇岗村村长来探望我岳父母,说起了深圳的变化,我一下子豁然

第二章 空间

1984年，创立万科的第一年，与同事们在一起

开朗，觉得应该去深圳施展自己的才干。

1983年5月7日，我离开了广州，去深圳创业。

理智地看，那时候离开外经委不是说喜欢不喜欢。在体制里边，当然也希望能光宗耀祖，做到省级、部级甚至更高的职务，但实际上，最多是副局，能不能成局、再往上，都是不确定的事情。而且，连每个级别的追悼会怎么开都知道。一眼看到头，就觉得没意思了。

选择离开，也是因为我看到了深圳的机会。当时的广州，有着非常浓厚的改革开放的气氛，耳濡目染，就是希望闯一闯。

之前在广州铁路局做工程项目的时候，经常要坐广九火车去深圳，在火车上，经常看到回内地探亲的香港人。很明显地看到，当时的香港和广东，是两种生活水平。他们会带很多电器回来送亲戚，电视机、电冰箱、电风扇、洗衣机等等，对当时的我而言是可望而不可即的。实际上不用看他们带的这些东西，一接触，就能立刻感受到和他们之间巨大的生活差距，内心里受到了很大的冲击。

当时的我，并没有想一定要创造很多财富、怎么拥有很多财富，但确实很渴望改变自己的生活现状。像香港人那样生活，是非常大的一个动力。

如果没有深圳的机会，我也不会一直待在外经委。当时我曾经联系过远洋公司广州分公司，准备去当海员。

而且，去深圳我也没准备一直待下去，本来是想作为一个跳板，攒点钱，就出国留学去。我当时 32 岁，女儿 1 岁，还是想能够多闯一闯。

没想到，就这么在深圳一直做下来了。

## 第二节　现代企业文化

**对人的尊重**

去深圳创业，是我第一次有机会主动选择自己的人生。那之后，即使遇到再艰难的局面，我也没有像在部队和机关那样，产生过出离之心。因为这是我自己选择的路。

来深圳，首先是对原本状态的一种否定，我不喜欢被束缚，不喜欢一眼看到头的生活。所以来深圳的那一天，我就想过，如果未来我有可能掌管一家企业，一定不要让员工重走我原来的路，不要再十年媳妇熬成婆，然后再以同样的方法去束缚下一代，一代一代地重复。

所以，从一开始创业，我就把对个人的尊重作为管理的底线之一。一开始，我的态度就非常清楚，要法治而不是人治。

现在回想起来，当时真正有前瞻性的，是建立了现代企业制度。这是形成一个公平、公正的工作氛围，令每一个人得到尊重的基础。

首先，是亲属回避制度。

要法治不要人治，首先就是要摒弃中国传统的亲缘关系模式。所以我以身作则，从万科创立以来，就没有招过任何一个亲戚、同学、战友或跟我有其他亲缘关系的人进公司。唯一一次插曲，是1989年我暂离公司的那段时间，我母亲把我一个刚从大学毕业的表妹推荐到了万科，我回来之后，就让她离开了。我当时想得很清楚，一定要人际关系简单化。

公司建立不久，就制定了员工手册。而1996年的《万科职员职务行为准则》，更是在万科进入房地产业后，经过严密筹划之后出台的，相当于公司内部法律的行为准则，直到今天仍发挥着效力。其中有关"亲属回避"的，就有三条规定。

二三十年前的中国，即使在深圳，不以亲缘关系为重的人际关系模式也是非常超前的。当时，香港的江湖片正在内地大行其道。社会上，大家似乎更习惯于"兄弟"式的人际关系。

有一次，一位我很器重的同事突然向我抱怨："你不信任我。"我很意外，问为什么？他说："你没有跟我私下喝过酒。"我说这好办，下了班我们就去。但他又说，"你家里的事没有委托我办过。"

我一下子就明白了。他希望我和他之间是那种"兄弟"关系。他的潜台词也许是：公司里有规则，大家都要遵守，但我们兄弟就不必有那么多条条框框。即便出了什么事，我也会帮你扛⋯⋯这是我无法接受的。

还有个插曲。前年我从万科退休之后，着手创办新的企业。有位亲戚听说之后，就想来投奔我。我问他，你不知道我有亲属回避的原则吗？他就说，你不是离开万科了吗？他不明白的是，虽然离开了万科，但我的原则没有改变。

我并不是否定家族企业这种模式。今天，不管是西方还是东方，成功的家族企业都占有一定的比重。但我认为，在从传统走向现代的过程中，非家族企业是主要趋势，所以做得比较极端。

第二，是内部反腐的一些做法。

在这上面，有一个重要的节点。1995年，上海万科工程部出现了集体受贿案。事情发生之后，我赶到上海。检察官告诉我，一般情况下，受贿是偷偷摸摸干的，绝不能让第三者知道，但在这个案子中，竟然出现了在受贿时竞相攀比的现象，很恶劣。不但自己拿，还要问别人拿了多少。在这种环境和风气下，有好人也待不住，要么同流合污，要么被排挤离开。

我很痛心，这显然违背了我创立企业的初衷。管理者睁一只眼闭一只眼，结果不但给公司造成损失，更毁掉了一批专业上有才华的职员。每个员工背后，都有一个家庭，这种错误的代价太大了。

从上海回到深圳，我以个人名义给万科所投资的十个城市的反贪局写了封公开信，表明只要发现万科员工有问题，万科一定积极配合反贪局的工作。

企业不仅可能是权钱交易行贿者，也可能是受贿者。从管理上讲，相对而言，要做到不行贿比较容易，财务不设这个支出就行了。但要控制员工不受贿，难度很大。我们可以保证不行贿，但是我们很难保证职员不受贿。我们能做的是，一旦发现受贿或其他违规行为，绝不容忍。

1996年前后，有一名万科员工利用支票套现了30万元，携款潜逃到越南。30万元对公安机关是一个小案子，投入的警力非常有限。但万科的人事和审计部门非常坚决地配合公安机关，花费了200多万元，用了三年时间去协助追捕，包括每年春节都到这名前员工的家外面蹲守，最终把他抓捕归案。

这么不惜代价，就是为了警诫员工。要让大家看到，你只要犯了案，到哪儿你都跑不了。这成为万科一贯的原则，只有这样，才能最大限度地避免悲剧再次发生。

1995年的集体受贿案之后，我曾对万科员工做过一次公开讲话，表明态度：企业如果做一个项目砸了，赔几千万、一个亿不要紧，钱可以赚回来，但因为管理上的疏忽，致使员工走上犯罪道路，影响他的一生和家庭，这样的项目万科宁可不做。

我希望公司的员工活得有尊严，没有良心上的负担，不会为了公司的利益而使自己的职业生涯遭遇道德风险。

同时，万科也逐步建立了自己的廉洁风险防控体系，比如职员潜在利益冲突申报平台、公司内部举报渠道、廉正认证考试、与合作方的阳光合作协议，以及定期、不定期的检查制度等。

以检查制度为例。一线老总离任，一定要审计。再有就是不定期的飞行检查，比如说到重庆公司飞行检查，重庆公司的老总就休假一个月，总部派人临时当老总，对各方面情况进行检查。这么多年过去了，万科的高层和一线老总，没有一个因为受贿而吃官司的。

有句话叫"用人不疑，疑人不用"，但我的观点是，从管理学的角度，每个人都是可疑的，包括我自己。一定要清楚，我们都是凡人，每个人的人性中既有天使的一面，也有魔鬼的一面。所以我认为"制度性地怀疑"是必要的。同时，我也相信，这会为年轻人营造一个更阳光的环境。

除了内部的防控体系，我们还积极推动社会力量参与净化商业环境。发起成立中国企业反舞弊联盟就是成效最显著的行动之一。

2014年，万科和阿里提出国内优秀企业共享不诚信职员名单的构想，得到了广泛响应。凡已被确认有行受贿、侵占公司财产、出卖公司商业机密、利用职权谋取不当利益等行为，被解除劳动合同且内部公开处理的人员，均属于不诚信职员范围。

2015年，中国企业反舞弊联盟在上海成立。2017年6月，这套共享系统正式上线，会员单位可查询不诚信职员名单，拒招录不诚信员工。截至2018年10月12日，共吸收了279个会员，其中64家单位填报了559个失信职员名单。

2017年12月,万科某区域品牌公关部负责人俞某,因严重违规违纪被公司公开处理后列入失信名单;2018年2月入职联盟企业融创后,被发现在失信名单之列,而被解雇;4月,再次入职联盟企业碧桂园,又因同样原因被解雇。

如何判断自己的行为是否违反准则?实际上,早在1996年《万科职员职务行为准则》出台时,就给出了一个很简单的判断标准,"该行为能否毫无保留地在公司公开谈论"。印象中,这句话参考了当时香港廉政公署的相关文案。

在防控腐败的同时,我们还着力于增加"透明度"。

比如我们的收入公开制度。从董事长到普通员工的收入、奖金,全部公开,大家一目了然。

我知道,很多管理者,对外、对内都习惯于"暗箱操作"。但中国有句古话,"上梁不正下梁歪",在"暗箱操作"下,大家不可避免地会想办法谋私利,从而令内部监控成本无限增加。我坚定地认为,一个没有秘密的企业,才是一个制度成本最低的企业。

1984年万科成立之初,公司就买了一台苹果电脑。从那时开始,我就在公司内部尝试推行电脑化办公。90年代,更是给总部每个员工都配了个人电脑,正式推行无纸化办公。而公司内部信息的文字化、表格化、数字化,无疑是增加透明度的有效方式。

2000年,我们创立了"投诉万科"论坛。这个BBS迅速成为客户投诉、公司跟踪投诉处理情况的主要渠道。客户可以在上面匿名发帖,而公司必须正面做出答复。这个论坛任何人都可以访问,所以每一单投诉都是暴露在大众注视下的,这样其实会使客户更加容易联合起来,加大处理投诉的难度。但运行了一段时间之后,我们渐渐发现,"投诉万科"论坛的存在,客观上起到了缓解客户情绪的作用,并使公司处理投诉更加透明、快捷。

我们有同事对国内外著名公司进行了查找,一共找了300多家,结论是没有任何一家公司用这种方式受理投诉。所以,万科也许是世界上唯一一家为客户提供公开投诉论坛的大公司。

在万科工作,不用行贿,不能受贿。坚持职业化的操守,以专业能力从市场获取公平回报。员工和公司同事、客户、合作伙伴之间,都是平等的关系。

詹姆斯·柯林斯和杰里·波拉斯合著的《基业长青》一书中,有这样一段话:"要成为高瞻远瞩、可以面对巨变数十年繁荣发展的持久公司,第一步也是最重要的一点,就是明确核心理念,树立在任何情况下坚持不渝的坚定价值观。"这段话我非常认同。还在万科20周年纪念时,我就曾表达过这样的观点:"回顾以往20年,万科最值得骄傲的事情,是在行业还有待成熟的时候,我们建立和守住了自己的价值观,在任何利益诱惑面前,一直坚持着职业化的底线。……未来也许万科的一切都会改变，但唯一不变的是我们对职业化底线的坚守。"

在"万宝之争"中，我的态度始终如一：我捍卫的是万科文化。

企业是一个群体。对于一个群体来说，在共同价值观的基础上所建立的文化，它作为一种不成文的制度，应该发挥制度的作用，就是让人和人之间可以用一种稳定的方式来相处。大家都知道什么事可以做，什么事应该努力去做，它就减少了冲突、内耗，减少了很多发号施令的必要性。

另外，文化有一种筛选作用。企业和员工是一种契约关系，只要不违反已经做出的承诺，员工是自由进出企业的。一种清晰的企业文化，可以聚集一个志同道合的团队。

单就价值观而言，除非是触犯法律，或者是明显违背了道德规范，否则就没有对错可言，只是一个选择问题。这种选择是不可以朝三暮四的，一旦选定，就很难彻底颠覆。所以最基本的选择，一定是在企业创建的时候就已经做出的，而一旦选定，它对后来的人就有一种筛选作用，志同道合的人会留下来，道不同不相为谋的人就不会加入。

来深圳之前，我得不到个性伸展的空间，感到很压抑。创办企业之后，则意识到对一个群体而言，"共性"或者说"共同价值观"的重要性。在工作的层面谈志同道合，就是一个人的"个性"和一个群体的"共性"在价值观上是一致的。价值观一致，个人就会选择加入这个群体，也会在这个群体内得到

## 第二章 空　间

个性伸展的空间。

2000年，万科总部拟将北京公司总经理林少洲与上海公司总经理林汉彬进行对调。当决定传达之后，遭到两位总经理同时抵触。林汉彬不想离开上海，理由是小孩已在上海上学，希望家庭稳定。只要能不离开上海，情愿降职当副总。林少洲则表示，只要调离北京，就考虑辞职。对于这样的反馈，总部人事部门的论证结果是，如果坚持对调，估计两人中会有一个离职。两位都是万科自己培养出来的职业经理人，我不愿意看到其中任何一位离开。但我最后明确态度，宁可总经理流失，也不能让形成的制度流于形式。

调令发出后，结果却是两个人都提出了辞职，出乎意料。

关注万科的媒体称此为"二林"事件。因"二林"出走，从财务到市场营销、工程技术、物业管理，不可避免地流失了一批专业人员。

我之后反思，如果知道两位总经理同时辞职，还会安排对调吗？答案是肯定的。

经理之间的调动是万科培养职业经理人的一种制度安排。从眼前利益着眼，妥协也许能避免人才流失，但长远看则未必。每项制度都有局限性，既然制定了，就必须执行。

后来的事实证明，人事变动对经营没有伤筋动骨的影响，相反，毫不含糊的人力资源调配，给万科带来了新气象。

同时，我认识到的是，他们之所以能够离开，和他们之前加入万科一样，都是因为他们拥有自主选择权，这是职业经理人市场化的结果，和我创立企业的初衷并不抵触。在我的理解中，对人的尊重有一层意思，就是要让每个人都拥有选择权，并且机会均等。

**限制自己的权力**

1988年，万科进行股份制改造时，我放弃了应得的个人股份。

那次股份制改造，4100万股的股份中，万科职工股应得的股票约500万出头。按规定，这部分股票只能有10%允许量化到个人名下，其余的由集体持有。

我放弃应得的个人股份，有三点理由：一是讨厌暴发户形象；二是家族没有掌管财富的DNA；三是"不患寡，患不均"是中国社会根深蒂固的传统观念，社会也向来有种仇富心态。个人突然有了钱，会把自己摆在一个极其不利的地位，尤其像我这样，爱出风头，天马行空，独来独往，如果很有钱，弄不好会惹来杀身之祸。我当时的想法是，名利之间只能选择一项，或默不出声地赚钱，或两袖清风实现一番事业。我选择了后者。

我在公司拿的就是工资和奖金。万科是很早的上市公司，收入多少，一直都公开。

2003年左右，我曾经想过和其他几家房地产公司合买一架商务飞机。当时，我把这个想法和法国里昂银行中国投资部的一个经理聊过,他是这样说的,"只要你王石买商务机,我即刻把你万科的股票全部抛掉"。自那之后,这个事情就没再提了。现在,很多民营企业都有商务机,有的还不止一架,万科仍然没有,尽管2016年已经进入世界500强了。

我的公私关系一直非常清楚。我虽然是万科创始人,但我仍是一个职业经理人,一个很特别的职业经理人。

虽然放弃了对万科的控股权,但没有妨碍我把公司做大的野心。从创业初期,我就想向日本"二战"后涌现的那些优秀企业看齐,如索尼、松下、JVC、丰田等,要做对整个社会都能产生影响力的企业。

我当时最喜欢的是"走向未来"丛书,还有汤因比的《历史研究》,对现代企业制度有着深深的认同感。我希望能全面学习现代化的先进管理经验,用现代企业制度管理万科。这其中最关键的"要法治还是人治"的问题,落实到我这个创始人身上,其中一个重要问题,就是如何限制自己的权力。

在创业初期,我有过个人权威比较强的阶段。因为创业之初,市场环境缺乏规范,企业拥有的资源非常有限,这就需要所谓的强权人物领军杀开一条生路。

那时候,工作白天黑夜连轴转,我常常会呵斥员工。以至于一位律师跟我去员工食堂吃了一次饭后,对我说,有一个员工见到我时,双腿都在微微发抖。

其实在平时生活中，我很少发火。发脾气往往都是因工作上的矛盾引起。公司大了，管理面多了，许多是过去没有遇见过的事。有时候一着急，就容易发脾气，有一次拍桌子把玻璃都拍碎了。

后来我慢慢意识到，在工作中发火，也许是一种掩饰无能的表现。万科九周年时，一次人事会议上，我从同事们的善意批评中，对自己的坏脾气有了点新的体会：脾气和地位、权力有关。随着地位的提高、权力的加大，脾气也愈来愈大。在深圳的一些企业里，老板的脾气往往比一般员工来得大，这实在是一件可悲的事，所以我下决心要改变。在《万科》周刊上，我当时还发表过一篇叫《改改坏脾气》的声明。

近些年，我开始更认真地考虑这个问题。我发现西方的政客，在公开场合常常是面面俱到，讲话会吸引人的注意力，引起好感，那是经过系统训练之后的结果。是政治家的都不会在公开场合发脾气，那是要失分的。这些也都是去哈佛、剑桥之后的观念变化，对我后半生的影响很大。

但从性格上讲，有的人就是急脾气，有的人就是慢条斯理。一个人如果很容易发脾气，硬不让他发，他就会憋出病来。我就属于这种，性格上受我母亲的影响比较大。

虽然我是急脾气，但不代表我是一个追求个人权威的人。比如我一直有个原则，绝不让下属替自己喝酒。戒酒前，有时见到下属喝得难受，我还会"慷慨献身"。刚创业时，有一次我的一个下属梁毅陪我到山西临汾钢铁厂洽谈出口生铁业务，喝到最后，我还替他喝了几杯，结果回到酒店房间，我连坐都坐不稳，直接摔到了地板上。

但改不改坏脾气，触及不到根本。企业越做越大之后，我越来越深地意识到，在不规范环境下培养出来的权威人物，往往会带来个人崇拜、"一言堂"、决策时易于冲动、好大喜功等负面效应。所以，企业要做大，就必须逐渐弱化个人权威，走出人治的怪圈。

我 1999 年主动辞去总经理职务，正是基于这个问题所下的一剂重药。

1998 年，万科成为中国上市公司中最大的房地产公司，中央电视台为改革开放 20 年所拍的纪录片《20 年，20 人》，也把我列为代表人物之一，可以说，对万科、对我自己，都是一个高峰。但也就是那一年，我决定辞去总经理职务。

1997 年下半年，亚洲金融危机爆发，到 1998 年愈演愈烈。市场的剧烈变化，使我深深感到，仅凭十几年积累的经验已经不足以应对市场的变化。一招不慎，满盘皆输。要使自己、使万科能够跟上形势的发展变化，就必须腾出更多的时间和精力去学习、研究新的形势和制定解决新问题的措施。只有这样，才有可能在更高层次上对市场做出准确的判断和决策。

而且，我的理想一直没变，我希望万科能成为一个伟大的公司，能创造一种文化，给社会带来正面的影响。要实现这个理想，就应该尽量让公司驶上规范化的轨道。两职一身是一种特定环境下的产物，我继续兼任，显然不利于万科的健康发展。

记得在宣布辞去总经理的会议上，我对同事们说我给万科带来了什么：第一，选择了一个行业，房地产业；第二，建立了一个制度，现代企业制度；第三，建立了一个团队；第四，创立了一个品牌。

辞去总经理时，有一个非常明确的分工，作为董事长，我就把握三件事：第一，我关注公司不确定的事，主要是决策。比如，在剑桥期间，为了确定第四个十年规划，万科聘请的麦肯锡团队曾三去剑桥，与我彻夜长谈，征求我的意见。我也回来参加商讨。第二，人事安排。第三，承担责任，尤其是公司出了负面事情的时候。

我始终认为，在一个规范运作的团队中，工作不应该因为某一个成员的因素而受到严重影响；即使领导者缺席，团队也要能够规范地处理自身事务并承担责任。

从个人角度，我也会思考什么是成功的标志？第一种观点，有人可能会认为，把企业做到离开了自己就无法运转的程度，就体现出了自己的重要性。但我持第二种观点：一个成功的企业家，应该着力于建立制度，培养团队，当你不在的时候，企业也能运转得很好……18年后的2017年6月，我辞去了万科董事长职务，郁亮接棒。一年多过去，整个公司的表现令人惊喜，可以说完成了一次无缝衔接。这再一次印证了我所持的观点。

其实，我也非常了解持第一种观点人的心理。不是企业离不开你，而是你离不开企业。

1999年，刚辞去总经理的头两个月，对我来说是非常痛苦的，因为我一直凡事亲力亲为，比较强势，什么事都要管。突然一下把事情都交出去了，非常不习惯。特别是最初那段时间，在办公室坐立不安，工作时也常常忍不住越界。一段时间之后，我开始有意识地与日常管理工作疏离。后来，我索性给自己放假去登雪山，一走就是半个月、一个月，有意识地与公司团队拉开距离。经过一段时间的调整，才慢慢适应了。

2017年6月辞去董事长，辞职之前，我纠结了两个星期，而一旦决定，就不纠结了。之后的调整过程，比18年前要容易得多。

2011年去哈佛时，我就做好了远离舞台中心的心理准备。当时，我就有过对"抛物线规律"的表述：人生的过程就像是一颗出膛的子弹所划出的抛物线，有一个向上的过程，但到了顶点之后就会下行，这是自然规律。

1999年辞去总经理，并没有影响我在社会上的地位和影响力，尤其是2003年登山之后更引起了大家的关注。但到了2008年，因为"捐款门"，经历了一个戏剧性的短暂下跌过程。2010年，万科参与上海世博会，我在发起环保行动的同时再次登顶珠峰，应该说又到了一个高度。2011年去哈佛，我已经非常明确地认为,自己是从舞台中央的位置往外撤,人生顶点已经过去了。

去哈佛做访问学者,和之前辞去总经理一样,是我自己主动做出的决定。也都经过了非常理性的思考,认为这样对万科的发展是最有利的。

还在1998年的时候,就常常有人请我回顾改革开放以来的经历,我总是会说:"面对过去,想不到;面对未来,不确定。"一方面,是想不到个人、企业、国家都会经历如此巨大的发展;另一方面,对未来的发展则习惯性地抱着"摸着石头过河"的心态。

但到了2018年,时逢中国改革开放40年。同时,也是我重新创业的第一年。面对中国经济的转型期,我意识到,"摸着石头过河"的阶段该结束了。在过去40年,我已经积累了足够多的经验。面对未来,不能再说"不确定"了,应该有计划、有步骤地向前走。

对于万科来说,建立在现代企业制度基础上的万科文化,就是最重要的经验之一。这是在三十几年商业竞争的实践中,由万科团队所形成的一套价值体系。这既包括万科一直奉行的"简单、责任、规范、透明"的商业伦理,也包括避免任何独裁倾向的个人权力制约机制。

从发展的角度看,这就是一套现代化的价值观。过去这些年,社会上总有人评价万科"唱高调""不近人情""刀枪不入"等，实际上，往往针对的是我们追求现代化的部分。正是因为我们摒弃了传统中落后的东西，才会引发争议。

"万宝之争"中，整个团队的态度很明确，我们捍卫的是万科文化。我们当时想得很清楚，即便明天被迫离开万科，今天我们该做什么就做什么，不会因此而偏离自己的价值观。

现在郁亮接棒一年多了，可以说和我顺利地完成了一次无缝衔接。而将来，等到郁亮要交棒时，交得是否顺利，那才是考验万科文化的时候。

我觉得我创办万科真正的价值在这里。

**人生的第三阶段**

"万宝之争"发生后，我中止了在牛津大学阶段的访学，回来处理"万宝之争"，直到 2017 年 6 月宣布从万科退休。

我原本的计划是 70 岁退休，对于退休早已有心理准备。之前，我的生活状态本来就与万科的日常运转保持着一定距离，所以退下来之后适应起来相对容易。

和 1999 年一样，这里有一个心态调整的过程。我知道，虽然辞去了董事长，但我的影响力还在。我是创始人，还有名誉董事长的身份，而且我还有一些股票，尽管不多。如果我主动去表示什么，对万科肯定还是有影响。

所以我告诉自己，正因为影响力还在，就更要警惕。你已经不是董事长了，不要利用创始人的身份，觉得我这个小股东和其他小股东不太一样，想发挥更多的作用。

个人层面，要确定下一步做什么，还有一个过程。

因为退休了，本身在商业圈这么长时间，一些朋友就来找，说你现在退休了，能不能来协助我们一下？

从我个人的角度，本来就有分享自身商业经验的意愿。过去这些年在英美的大学里做访问学者，一直在学习、借鉴、总结、提高。而2010年开始在几所商学院定期授课、2014年在剑桥访学期间创办面对企业家的深潜营，实际上就在做自身经验的分享。

但在实践过程中，我慢慢认识到，现在正值中国经济的转型期，很多民营企业走到了一个十字路口，或者在自身发展中遇到了瓶颈，如果想完成一次自我更新，及时解决问题，光靠去学校是不够的。

我接受远大、华大的聘请任联席董事长，很大程度上就是出于这样的考虑。我给自己的任务，主要在管理咨询方面。

中国从传统社会向现代社会过渡，有许多问题需要解决。而其中很多问题与民营企业的自身发展密切相关。万科起步早，市场化的方向确立得早，而且从一开始就明确地选择现代企业制度，所以在相同的问题上，有很多值得其他企业借鉴的经验。

中国曾有2000多年集权和专制的历史。权力高度集中于皇帝一人之手的传统，不免会影响社会成员的思维方式。而当一个人有机会掌握权力之后，不管权力大小，也往往会效仿皇权的模式，以类似于专制的模式来行使权力。

这种模式的特点是：权力高度集中，至高无上；掌权者拥有绝对权力，下属只能以掌权者的意志和要求作为自己的行事准则；人大于法，对掌权者缺少监督机制。

在很多民营企业，都能看到这种权力模式的影子。特别是创业早期，权力往往集中在创始人一人手里，也因此让企业获得了良好的发展。但经过一段时间之后，就会发现企业发展出现了瓶颈。尽管团队、产品、市场等都处理得不错，但因为创始人本身的理念和能力的局限，窒息了整个团队的活力与创造性，影响到了企业的发展。这时候，就不得不认识到，很多企业最大的局限往往就是创始人本身。到了这个时候，创始人就需要重新界定自身和企业的关系。

创始人不但掌握权力，也拥有权威。按马克斯·韦伯的看法，权威与权力的不同之处是，权威是建立在自愿服从的基础上的。他认为权威的来源大体有三种，即传统、个人魅力、法律与理性。

大体上看，在传统社会中，权威更多是建立在传统或个人魅力的基础上，而在现代社会，权威主要是建立在理性和法律的基础上。一个社会由传统向现代转化的过程中，在权威的传统和个人魅力基础不断削弱甚或消失的同时，并不一定就能建立起法理权威，这样，就会出现"权威真空"。这是最糟糕的局面。如果要避免这种情况，建立权威的新基础，就是法治与民主化。

对一个公司来说，道理是一样的。

从80年代开始，万科就尝试建立现代企业制度，一条不断探索调整否定再否定的所谓万科式的道路。三十多年过去，回头去看，更觉得严格的制度是企业健康发展的坚固基石。从个人威权到团队主导，从"暗箱操作"到规范透明，从人治到法治……万科在有所为有所不为中，成了一家具有中国特色的现代企业。

上述问题，都是我和万科一步一步地经历过的。以这些实践经验，帮助一些民营企业进行自我更新，这是我想做的事。

我以为我能助一臂之力的这些企业需具备两个条件，第一是企业过去已经发展得比较成熟了，制度、团队、产品、品牌、消费市场等，都建立得比较好。但在向前发展的过程中，遇到了瓶颈。第二，是创始人对企业有进行自我更新的意愿。

在这样的前提下，我介入企业的管理，协助创始人对企业进行一些调整，通过一到两年的时间，应该就可以显现出比较明显的效果。

远大和华大，因为和创始人是多年的朋友，有友情协助的意味。但之后我想把这样的咨询做成商业化的模式，成立专门的公司来进行，这样效果会更好。

与此同时，我还在筹划一个以运河为抓手的商业平台。

这个想法，是我在推广赛艇的过程中，重新认识了大运河之后，慢慢形成的。

## 第二章 空间

在古代中国，长城是一个封闭的象征，大运河却是一个开放的象征。大运河穿起了除珠江之外中国最重要的几条东西向河流，形成了一个运河网络。

运河有军事功能，但更多是在幅员辽阔、地域差异很大的广袤国土上，发挥着经济、文化、交通、运输方面的功能。北宋后，京杭大运河还延伸到了宁波，通过杭州和宁波这两个城市与大海相通，更是连通了整个世界。

2017年，京杭大运河刚刚入选世界文化遗产名录。

我关注的第一个运河城市是扬州。扬州地处淮河汇入长江的入江口，是古运河最早的中心点之一。令我感兴趣的是，扬州很重视保护自己的文化遗产，对瘦西湖等名胜古迹的保护可圈可点；同时，政府长期致力于改善市民的身心健康，建设了大量的公共运动设施，形成了良好的运动风气。

我去扬州推广赛艇运动时，既感受到了扬州的魅力和潜力，也感受到了扬州对于城市更新的需求。

工业文明讲究效率，发展之初往往不计环境的破坏、资源的浪费，运河衰落也因此成为一个必然趋势。不但运河的经济价值大幅萎缩，同时还形成了严重的水污染……现在，中国从工业文明时代开始向后工业文明时代过渡，对扬州这样的运河城市而言，出现了一次城市更新的机遇。

我由此想到，以自己在商业上多年的实战经验和资源积累，也许可以建造一个平台，通过商业介入这些运河城市的更新再造，也许可以达到经济效应和社会效应同步增长的效果。

这个以运河为抓手的商业平台，在很多行业都有可能性，比如环保业。运河城市的水资源治理，应该是一个必然趋势。到后工业文明时代，人们有更多的闲暇时间，对运河水体进行治理之后，水干净了，周边环境好了，自然会成为新的休闲场所。比如运动产业，运河得到治理后，水上运动就有了发展的可能。既可以引入赛艇等现代水上运动，也可推广龙舟等传统水上运动。与此同时，还可以引入击剑、公路自行车等陆上运动。比如房地产业，运河城市的城市更新，还会涉及很多旧区域、旧建筑的改造……这其中也许有个大健康、大运动的概念，但我觉得不必给自己设限，通过这个平台，发现什么需求，就引入什么产业。

假设把扬州作为第一个实验城市，等积累了一些成功经验之后，再在运河沿岸的其他城市逐步尝试。商业得到了发展，城市面貌、城市文化和城市生活方式也会因此得到一次现代化更新。

在不同的人生阶段，人对个性伸展的空间有不同的需求。去深圳之前，我关注的是个性所受到的压抑。到深圳创业之后，一方面，我关注的是为公司员工创造一个公平、公正的环境；另一方面，关注的是自己的个人权威不要影响到公司的发展。而现在，进入人生的第三阶段，准备重新创业时，我突然发现，空间更广阔了，自己可以扮演的角色有了更多的选择。

2017年，去云南哀牢山褚橙园，看望褚时健先生（张成摄）

记得2002年,我第一次去云南哀牢山探望褚时健先生,74岁的他当时正处于人生的低谷,在被判无期徒刑入狱之后,保外就医,后来开始种植冰糖橙。记得第一次见面时,他指着山头的橙园告诉我,六年之后果树是什么情况,市场是什么情况,为什么他的橙子会非常畅销,事后证明全部实现了。2012年,褚橙大规模进入北京市场,开启了在全国范围内的畅销模式。褚老也成为一代"橙王"。

这就是企业家的能力。他的成功是有迹可循的。他早年做榨糖厂、造纸厂,都涉及过种植业。1979年,褚时健正式出任玉溪卷烟厂厂长,更是把烟叶田作为第一车间,并逐渐成为一代"烟王"。1994年,他还曾被评为"全国十大改革风云人物"。褚橙能成功,是偶然,也是必然。

但同时,我也知道,他创办褚橙的动机,不像有些人所想的那么简单。《褚时健传》的作者周桦听褚时健老伴亲口讲过,2002年种橙子之前,褚老曾经和老伴商量过开米粉店。他们还算过,假如一天卖一千碗,一碗赚一元钱,一个月也有三万元,比退休金高多了。但问题是他们做的米粉不好吃,没开张就放弃了。

当时他并非活不下去,也不是没有其他的机会。实际上,不仅是红塔,云南其他多家烟草企业的领导都是他的弟子,如果他要做与烟草有关的生意,或者就是做个顾问,也是比较容易的。他选择做米粉,或者种橙子,不是活不下去,而是为了有尊严地生存。

可以想想，如果从监狱里出来，不再创业，就靠养老金和既有资源度过余生，他会甘心吗？

多年以来，我一直以褚老为榜样，在非常认真地学习他。对我来说，从万科退休还想着要继续创业，与褚老创办褚橙有着近似的动机。如果我纯粹是为了赚钱，做房地产还是最容易的。在房地产业的黄金时代，有时候是谁敢赌谁赚钱。现在行业成熟之后，反而是专业能力强的人有更多的赚钱机会。但我不想再做房地产，而想做创新性的、带有资源整合性质的事情，有挑战，生命才有意义。

在我向褚老学习的同时，我也知道，有一些年轻的企业家也在向我学习。这也让我对于重新创业有了更大的动力。去商学院当老师、办学校，是想分享自己的经验。而现在重新创业，也有一种"身教大于言教"的意思。我想通过"身教"向年轻企业家们所传达的精神，和我从褚老身上所领悟到的精神是一致的。

## 第三节　给天性留下的空间

**万科的运动风气**

从1984年刚创立开始，万科内部就形成了持久的运动风气。

刚开始，是一到星期六，我就带着员工们一起去大梅沙游海泳，也会定期组织打网球、踢足球，定期组织公司内部的运动会。创立当年，还参加了深圳总工会各个集团公司的篮球对抗赛。

这种风气一直延续了下来。1997年我准备攀登雪山时，还曾组织员工登广东的那些小山。广东1000米以上的山峰一共就十多座，我们基本都去了。但当我正式开始登雪山时，集体参与的方式就打住了，因为知道登雪山有危险。

2001年左右，我去台湾参加了一次自行车环岛活动，觉得公路自行车这项运动特别好，回到公司就提倡。整个集团应该有20多个公司组织了自行车俱乐部，从总裁、总经理、副总裁，到一线公司老总，再到高级主管，都参与。这个运动差不多流行了三年，后来就不流行了。因为他们常常搞比赛，追求速度，经常发生事故。

再后来，万科又开始流行跑马拉松。这是郁亮推动的，他自己就跑马拉松。万科的高管中有五六个都跑过大满贯，把全世界最著名的几个城市马拉松都跑过了。2014年，万科在深圳还发起了大鹏新年马拉松，已经成功举办多届。同时，万科还在全国44座城市举办乐跑赛事，很受欢迎。

但这么多年，公司内部最受欢迎的还是足球。原来每年都有联赛，后来分公司成立太多了，就划分成四个赛区，决出赛区冠军，再进行总决赛。总决赛时，我常常会去当裁判。我喜欢踢足球，也喜欢当裁判，尤其后者在面对不服气裁决的队员亮出红牌警告的气势，宣示了规则的不可触犯！

另外，深圳万科还两年一次举办业主运动大会，进行趣味运动竞赛。我参加过几届，其中有一次，选手加观众来了一万多人，很热闹。

员工个人感兴趣的项目，表现突出的，我们也会鼓励。有一次，我们发现福建万科物业公司的一个员工特别喜欢游泳，曾经横渡过琼州海峡，就出资鼓励他去横渡英吉利海峡。其实英吉利海峡比琼州海峡要窄，但因为经验不足，他没有成功；我们又资助了第二次……

另外还有一个有意思的故事。广州举办第一届马拉松的时候，万科组织员工参加，一个队员突然犯病，是一种类似于肌肉溶解的病，肝衰竭，做了换肝手术，之后一直处于植物人的状态。为了帮助他，我们了解了他的情况。他还没结婚，但有人知道他曾经暗恋过一个女孩，我们就给这个女孩做工作，请她出于人道主义的精神来看他一下，那个女孩同意了。没想到真的有效果。恢复过程，女孩又过来帮忙照顾。结果他康复出院不久，就和那个女孩结婚了，还生了小孩。

正是因为有这样的氛围，有人给我们取了个绰号，叫"万科运动员有限公司"。

为什么要在公司内部提倡运动？20世纪80年代起，我就一直很重视学习日本，学习过程中印象很深刻的，就是日本经济高速增长时的过劳死现象。这实际上是为了公司利益而牺牲了个人的利益，我不希望万科是这样。我觉得公司不能把员工当成一个赚钱的工具,好像我给你工资、奖金,你就来干活。而是希望员工在工作之外,也能拥有自己的生活。

我知道有许多企业仍在将"以企业为家"作为正面事例大加宣传,但我觉得这是对人不够尊重的表现。万科从不干涉员工在工作以外的生活,也不主张员工带病上班或在家人患重病时上班。近年来,还对公司高管实行了强制休假制度,以前如果不休假,还有补贴,后来就取消了。

另外,从2011年开始,我们对部门负责人有个考核,将员工每年的体质检测和部门负责人的奖金进行挂钩。年度体检中,手下员工的平均体重如果超标,就要扣负责人的奖金。比如2016年,万科总部的平均体重超标了,主要负责人解冻被扣了30多万元的奖金,郁亮作为一把手,他也跟着被扣了19万元。这个考核确实产生了一定效果,2011年,万科员工的BMI达标率是39.9%,2013年就增加到了60%。

因为自己年轻时的艰难经历,除了身体健康,我也一直很关注员工的学习。

万科是一个非常讲系统分工的公司,每个人都是产业链中的一环,专业性太强。员工如果离开万科,想独自创业是比较困难的。所以在培养干部时,我们会提供在不同部门工作的机会,比如在销售、物管、工程等部门轮换任职;同时,也会给员工提供跨行业学习的机会,比如曾邀请"摩拜单车"这样创新型公司的管理者来公司做培训。万科的财务部、工程部、设

第二章 空　间

1988年，万科拍下第一块地，进入房地产业。
在这块地上建成了这个叫作威登别墅的项目

2014年的万科总部

计部都出过一批一线公司的老总,这在普通公司是不常见的。综合能力提升了,一旦离开万科,生存能力就会非常强,这是我非常乐意见到的。

万科有一个很理想主义的口号,就是万科人应该有比同行多工作十年的能力。意思是,万科的员工退休后,他的身体状态、知识状态,支持他还能在社会上创造十年的工作价值,这样无论对他们自己、对他们的家庭、对社会,都是非常有益的。

万科的发展过程中,付出过很多代价。在很长一段时间内,为了保证业务发展,实际上牺牲了团队的个人收入,包括我自己在内。比如作为一家上市公司,净利润达不到12%,就没有资格扩股。这种情况下,就会以减少个人收入为代价。所以在相当一段时间,万科的平均收入都属于中等水平。一直到万科30周年,也就是2004年后,随着业务的快速发展,工资待遇才慢慢高上去。可以说现在万科的待遇在同行中是比较高的。

在收入不那么高的阶段,凭什么吸引优秀的年轻人来工作,就是前面所说的万科文化。尊重你,合理授权,给你上升的空间,等等。所以,同一个班毕业的学生,到万科来的,做了两年之后,他的能力、思维方式,会明显比其他企业的同学高一截。

当然,万科的一些优秀人才经常会被同行以高薪挖走,说玩笑话就是以"不可抗拒的条件"挖走,这种时候,我其实很高兴,因为这是对万科文化的认可。现在的社会本身就是一个人才流动的社会,只要流动率在合理范围内,就是可以接受的。

这次的"万宝之争",这么大的动荡,万科主管以上的人员流失率还是在合理范围内。

据我了解,离开万科的人有两个微信群,北京一个,全国一个。全国那个群有四五百人。这说明他们对万科有特别的感情。

他们在万科工作时,经常会有抱怨。但只要离开,我还没有听到过他们对万科有什么抱怨的声音,这是非常难得的。

1983年,我刚开始做饲料销售时,所聘请的第一位员工叫邓奕权。他在我住的招待所楼下的无线电器件装配车间工作,当时还不到18岁。

他是从农村来的,小学文化程度,文字表述能力奇差,数学也不行。后来,我又陆续招了几名农民工,除了一位民办教师,其余的人文化程度都跟邓奕权差不多。我决定给他们开文化课,每星期上三个晚上,每次一个小时,数学和语文轮流上。

后来员工多了,公司还特意招聘了一位老知识分子,专门负责文化教育。当时公司还和深圳劳动局签订合同,组织所有高中以下文化程度的员工完成成人高中教育。

第二章 空 间

与万科的第一位员工邓奕权合影

我当时在培养邓奕权做报关员，特别要求他必须达到大专文化程度。因为他的字写得很差，我就让他每天抄写一页正楷字。七年之后，仍在做报关员的他拿着一张文科电大的大专毕业证书，去我的办公室找我，说着说着都快哭了。他说自己是认真在学习，不仅仅是混了张文凭。我当然也很高兴，公司在成长，他也成长了。

　　但公司发展得太快了，包括他在内的这些老员工跟不上。2005年左右，我们制定了一个特殊制度，一次为他们买断工龄到60岁，并帮他们缴纳各种社会保险。他提前退休之后，竟然开始学习写诗和摄影。2018年，在深圳的一个摄影展上，我还见到了他。

**有兴趣的事都想尝试**

　　正是在我考虑辞去总经理的阶段，1997年9月，我第一次给自己放了一个月的长假，第一次去了趟神往已久的西藏。

　　在珠峰大本营，我不但第一次接触到了专业登山队，还目睹了高海拔飞滑翔伞。

　　　　头顶上的太阳火辣辣的，路径也陡峭起来，手脚并用，遇到清澈的溪水，忍不住伏下身来，嘴直接对着冰冷的溪水喝了个够。忽然听到叮当叮当的响声，抬头一望，一头硕大的黑色牦牛正朝溪水走来，后边跟着回程的牦牛队，响声是挂在牦牛脖子上的铃铛发出来的。领头的牦牛

## 第二章 空 间

瞅着趴在溪水边的我，停止了前进，犹豫了一下，慢悠悠地扭转了躯体往回走。我一激灵起身让开了道，领头牦牛在牦牛工的口哨声中又掉转回头，清脆的叮当声又响了起来。不经意抬起头，却见一朵舒展的滑翔伞在天空中徐徐飘落，杏黄色的伞翼在乳白云层的衬托下格外醒目。我呆呆望着，忘记了挂在胸前的照相机。

我记录过第一次看到滑翔伞的情景。当时我一个人在珠峰大本营附近散步，偶然看到苏格兰登山队队长为登山热身时飞伞的情景。

那一年我46岁，当时的心情，跟我17岁在新兵训练营看着隔壁航校的飞机时，几乎一样。不同的是，想做的事，可以去做了。

我当时就想，如果内地有这项运动，我一定要参加。

回来一了解，北京就有两个飞伞俱乐部，一个飞人、一个华联，我就加入了华联。

第一次飞伞，是教练带着飞的，一个伞两个座。起飞时，我跟着教练往前跑，脑子里一片空白，腿脚也不听使唤，突然一下就腾空了。在空中很紧张，担心伞带会断，但飞了一会儿之后，就慢慢放松了。然后教练就开始摆动，摆得我五脏六腑翻江倒海。

第一次体验过后，就开始了正式训练。一开始是练习起飞。先从平地开始练，然后在20米高的小山坡练，训练正起、反起等各种基本技巧，飞得也不高，十几米，慢慢降下来。熟练之后，再带到山上正式飞，教练用对讲机遥控，一个动作一个动作地指挥。

熟练了，就觉得很享受。深圳的山一般都在600米到800米之间，这个高度正好适合登山训练。1998年我系统地接受登山训练后，开始时练得很狂热，基本上每个周末都会去登山，而登山都会背着伞包。一个伞包差不多20公斤，正好当作负重训练。

一般来说，沿着台阶登顶，需要三到五个小时，下山也需要一个多小时。但到山顶后，我把伞张开，一转身，七分钟就落到山脚下了，伞一摊，就躺在那里睡觉，等队友们下山后都羡慕得不行。如果有好的气流，还可以在天上多飞一会儿，二三十分钟。

那段时间，我进入了飞伞的狂热期，在中国台北，南非开普敦桌山，澳大利亚悉尼、黄金海岸、墨尔本……很多地方都飞过。

2000年国庆假日，我又去了西藏。请了一位拉萨的朋友巴依做向导，到青朴山去飞伞。

选择了一处勉强可做降落场的坡地后，我背着沉重的伞包沿着山道攀登，寻找起飞场地。滑翔伞翼展开13米，伞绳长度在8米左右，至少需要200平方米的净空间起伞，但在乱石嶙峋的陡坡，很难找到合适的场地。

换了三处试飞终于升空，听着高度表发出悦耳的"嗒—

嗒—嗒"的叫声，滑翔伞盘旋上升。我惊异地发现，三只老鹰也在同一热气流里盘旋。突然，伞翼抖了一下，上升速度骤然加快，高度表发出短促刺激的声音。从未体验过的兴奋刺激着全身神经。高度表的数字迅速跳跃：4800 米、5000 米、5200 米……

当时中国滑翔伞的盘高纪录是海拔 4700 米，创造这个纪录是在河南林县太行山，那里有陡峭的山崖，气候干燥，容易形成上升的热气流。而我在青朴山飞伞，起飞处的海拔就是 4300 米，站在巨人的肩膀上，只要能起飞就会破纪录。

上升过程中，登山知识告诉我，在高海拔缺氧环境下陡然上升超过 800 米的高度，人就会难以适应。意识到危险，我放松了伞绳，试图终止上升，但饱满的伞翼仍继续拽着座背上升，上升气流太强烈了！怎么办？逃吧！此时我感到既刺激又恐惧。

热气流的半径约 500 米，逃出来时，高度表记录的数字为 6100 米。我的神经一下子松弛下来，开始洋洋得意起来。从青朴山上空徐徐盘旋下降时，许多修行者仰头看着我，包括降落场地一侧女尼庵的一群红衣女尼。我表演和炫耀的心思一下子上来了，可技术还欠一点，差点儿滑过了场地。我试图强制降落，没想到在高原飞，空气稀薄，阻力比低海拔地区小得多，伞在距地面 20 米高度失速下坠，着地的瞬间我昏了过去。20 分钟后苏醒过来时，看见蓝天被小光头兜成了一个圆圈。我感到浑身剧痛，尤其右胸有种难以忍受的刺痛。这次意外，导致了右侧两根肋骨骨折，右肩胛骨骨折，肌肉撕拉性损伤。

到了西藏军区总医院，检查结果显示两根肋骨断了，如果肋骨断后刺伤肺部，就会导致肺气肿，非常危险。医生要求我即刻住院。我说我明天就要飞成都，拒绝了，他没办法，就叮嘱了半天，说万一半夜出现哪些症状，就得赶快打电话，当然后来没事。

我没住院，是因为不觉得很危险。青朴山离拉萨60多公里，我虽然受了伤，但还是得按来时的路线原路返回拉萨，先坐手扶拖拉机一路颠簸到雅鲁藏布江边，坐渡船过江后，再坐吉普车回到拉萨，一路上都没事。

俗话说"伤筋动骨100天"，25天之后，利用在郑州开会的机会，周末我又忍不住带着滑翔伞去了林县太行山滑翔伞起飞场，天气、风速、风向都很适宜，只是胸部缠着伸缩绷带，骨折的肋骨仍然疼痛，腰不能做轴向扭转。我双手伸开，身体呈十字形，请一起来的两个同伴协助背上飞行囊，仍然过了一把飞伞瘾。

真是激情燃烧的岁月。那时候，就是飞上瘾了，就是要寻找一种刺激，觉得这种刺激才是生活的意义。人家认为这样做冒了很大的风险，而我不但敢冒风险，还要叠加，登山加飞伞，受了伤还要飞。

当然，该付出的代价都会付出。我玩过这么多种极限运动，飞滑翔伞受的伤最重、最多，其次是滑雪，登山反而没受过伤。

飞滑翔伞，断过两根肋骨，小腿骨折，颈椎、尾椎都受过伤，两次落到了海里面，还有两次挂在了树上。

但这并不是我青涩冒失时期的一时冲动，而是一种主动的选择。滑翔伞是一种很危险的运动，每年都有人遇难，甚至不少遇难者我都认识。所以很多人受过一次伤后就放弃了，而我则是受伤多次，还要接着玩。没出大问题，算是很侥幸了。

另外，没想到的是，我所创造的6100米的中国滑翔伞盘高纪录，一直保持了16年。直到2016年10月18日，才被李群国在四姑娘山以6356米的成绩打破。

登山、赛艇、滑翔伞之外，我还尝试过其他一些极限运动。

我很早就开始滑雪，2003年登上珠峰后，我把双板改成了单板。同年10月，开始练帆船。2011年开始在哈佛的两年，我玩的就是单人帆船，一度还计划过环球航海。

2007年开始，我还玩过一阵子滑翔机，拿到过国内和国际两个执照，后来因为每年都要考一次试，还要体检一次，太麻烦，就放弃了。有一次在墨尔本，我跟着一个教练员学滑翔机。他是德裔澳大利亚人，连续三届滑翔机比赛的世界冠军。一次在天上飞了七个小时，浑身被汗水浸透，降落下来，掀开机舱盖我一撑就蹦出来了，而教练员已经瘫在座舱里，根本就站不起来了。

我之所以耐力这么好，都是登山打下来的底子，磨出来的。包括现在的划赛艇,进行有氧的长距离训练,一划20公里,也没感到有什么问题。

2016年秋,我去北京体育大学拜访,偶然看到他们在做蹦床训练,就想试一下。第一次体验式的训练是在东莞。2017年春节,在松花湖滑雪时,一看到有蹦床设施,就开始了正式的训练。

蹦床是跳水、体操的辅助训练,现在成了单独的奥运项目。摔断了两根肋骨后,滑雪时很多动作我都不敢做了。接触蹦床后,不但又重新开始做一些动作,而且难度比以前大得多。在我这个年纪,本来是不敢想象的,但因为蹦床,又挖掘出了更多的潜力。

回想起来,是1997年在珠峰大本营,中国登山协会高级教练金俊喜的一句询问,为我打开了这扇门:"你们有没有攀登珠峰的愿望?"之后就一发不可收拾。

通常而言,好奇心和它带来的冲动,是每个人在儿童时期都会有的;到了青少年,冲动变化成理想主义的激情,好奇心却减弱了;到了中年,开始抑制激情,理想主义演变成实用的现实主义,而好奇心已经被琐碎的生活和沉重的责任感所淹没。

但我个人的体会是,保持好奇心是激情的源泉。对我来说,金俊喜教练的询问,最重要的是激发了我的兴趣,我登山也好,做其他极限运动也罢,首先是出于兴趣。如果没有兴趣不可能开始。我觉得一旦我失去了兴趣，这个客观的生命载体它就没有什么意义了。我还充满着好奇心，还充满着兴趣，还要学习，还要做不熟悉的事情，这种状态是我想追求的。能不能做成当然很重要，但更重要的是，要一直保持对这个世界的好奇心。

从企业家的角度来看，我辞去总经理前后的那段时间，本来是想用登山的方式跟团队疏离一下，没想到给自己带来了一次个性的解放，实现了自己少年时的探险梦想，做了自己一直想做而没有机会做的事。

我知道，对许多企业家来说，人和企业的关系是一个终极问题。我的认知是，不是企业离不开你，而是你离不开企业——因为你没有了自我，没有了存在感和价值感。其实，对每个企业家来说，放下都是早晚和必然的事情。人的生命，包括职业生命，都是有限的，最终你都要放下。被动还是主动，才是对你的考验。

运动之外，我对很多事物都保持着浓厚的兴趣。其中之一，是古典音乐。

上小学时，因为家里有八个小孩，不可能给我买小提琴，我拥有的第一件乐器是笛子。上中学时，吹过口琴。在部队时，又学过二胡。从部队复员之后，还学过一阵子小提琴。但小提琴不是我买的，是找我大妹妹借的。后来又学过手风琴。

学了这么些，水平都不高。但我对音乐的兴趣，一直没有改变，后来慢慢就集中到了听古典音乐上。

在广东省外经委工作的那三年，我常常去听音乐会。1980年的一个周末，在广州友谊剧院的音乐会上，香港小提琴演奏家刘元生先生与广州乐团联袂演奏小提琴协奏曲《梁祝》。我很喜欢他的演奏，演出结束后跑到后台去祝贺，就这么认识了他，他还给我送了一盘他个人演奏的《梁祝》协奏曲录音带。当时我怎么也想不到，这盘录音带会成为我们交往的开始。而刘先生也在日后成为我到深圳创建万科的生意伙伴、公司上市之后的大股东之一。

两人初识时，接触并不多。1983年我到深圳之后，我们的来往才多了起来，他转制了很多古典音乐的磁带推荐给我，威尔第、巴赫、海顿、莫扎特、马勒等，教我怎么听古典音乐。

因为刘先生的关系，我们公司和深圳交响乐团建立了友好关系，一起联谊、搞活动。刘先生还提供了很多在国内没有发行的音乐纪录片，像《从毛泽东到莫扎特》，供我们组织联谊活动时一块儿来看。

那时候，刘元生先生就是香港交响乐团的首席小提琴，后来又成为行政主席。90年代，他又组建了香港爱乐乐团，很活跃。在他的影响下，频繁的时候，我每个月都会去香港听一到两次音乐会。

那时候去各地出差，也会惦记着这事。记得苏联解体四五年后，我到乌克兰的基辅出差，想去听音乐会，结果发现，周末的歌剧和交响音乐会票都卖完了。那时乌克兰的经济非常不好，失业的人很多，但音乐氛围很浓厚。

后来，我又迷上了音乐剧，大概从 2000 年开始，我去美国、欧洲等地出差，都会提前订好票。尤其像《剧院魅影》《悲惨世界》等剧，会追着看不同的版本，同一版本，看完了 A 角还要看 B 角。

回想起来，音乐真正成为我生活的一部分，是到深圳之后。当时太太和女儿在广州，我一个人在深圳，晚上回来，多晚都要听听音乐。心情不好的时候，音乐也是一种很好的平衡。直到现在，每天睡觉前，我也都会听听音乐。

2014 年在剑桥学习期间，我开始考虑要为深圳做点什么事情。受刘元生先生的影响，我想到了在深圳组建一个公益性质的乐团。

很巧的是，2015 年 1 月，深圳市国际交流合作基金会成立，我被推举为首届理事会会长，而深圳交响乐团的聂团长正好是理事。我和他谈了一下我的想法，得到了积极的响应。他说他们也想做公益，但不知道该怎么做。有了这个契机，他们愿意用自己的骨干力量来支持公益。一下子就结合起来了。

公益性质的香港爱乐乐团当时组建时，也得到了香港交响乐团的大力支持。

不久之后，我邀请聂团长与刘元生先生见面，一谈起来，聂团长的老师和刘先生跟从的是同一个老师，很有意思。

就这样，我们创办了深圳鹏爱交响乐团。鹏爱的艺术总监叫林大叶，同时也是深圳交响乐团的艺术总监。我第一次看他演出，就觉得他的指挥动作有太极的韵味，之后跟他交流，他说他的指挥确实结合了东方文化元素，因此留学时在德国青年指挥大赛中全票当选过第一名。

乐团的第一场演出是在哈尔滨，后来，陆续在北京故宫、盐城、昆明等地方进行过演出，当然还有深圳，一步步发展起来了。

除了古典音乐，我对植物分类学也很感兴趣。

从深圳创业开始，我常常是一个人生活。在深圳感到孤独时，是靠音乐平衡；而从去哈佛留学开始，又多了一样对植物分类学的兴趣，来平衡繁重的学习压力。

我对植物的兴趣，首先是受父亲的影响。他对花的那种爱，对自然的那种亲近感，是我对他最深的印象。而我开始对植物分类感兴趣，则是从登山开始的。

在雪山上，常常一待就是很多天，每天的训练任务完成后，还有很多空余时间，空气稀薄，看书也看不进去，有时就会在营地附近走走，发现了不认识的植物，就会用相机或手机拍下来，然后分辨它的植物分类及特性。

植物的种类太多了，一个科的植物就有上万种。所以后来，我的关注对象慢慢集中到五六个科，首先学的是豆科，另外还有十字花科、茄科、鼠李科、蔷薇科。

## 第二章 空间

到哈佛之后，学习压力非常大。但再怎么忙，哪怕会缩短吃饭时间，在去学习或回住处的路上，如果看到我感兴趣的植物，某一种花开了，或某一种嫩芽出来了，我都会停下脚步，用手机拍下来。

时间一直安排得很紧。我拍植物耗掉个几分钟、十几分钟，就意味着下一件事要迟到。那时我固定去一位老师家上英文课，但有连续几次迟到的现象。几天后，老师问我，你为什么不止一次迟到？我才意识到这个问题，赶紧道歉。之后，就提前出发，给拍植物留出时间。

分辨植物和听音乐不太一样，挺费神的。有时候查一种植物都会花很多时间。但分类学是西方文明的精髓之一，我也是在有意识地训练自己。

现在已是分子生物学的时代，以前分辨植物，主要是观察花、叶、种子等，但现在已经可以通过分子技术来进行辨别。有时候，我也会借助植物识别软件，但这些软件还不是很强大。1999年，我创立了万科建筑研究中心，其中植物是重要的组成部分。我和建研中心植物研究方面的黎昌汉博士也常常有交流，遇到实在查不到的植物，还会向他请教。有时候，他30分钟就回复信息，有时候一个星期也不回。

这么查来查去，对我来说，不仅仅是在认识植物，也是在认识世界、认识时代，对自己的思维方式、工作方法都是非常好的训练。

因为喜欢植物，我去世界各地旅行时，遇到喜欢的植物，常常想带回来给建研中心。虽然海关的动植物检疫有非常严格的要求，但喜欢植物的人还是会互相传递情报，交流携带入关的方法。

比如一棵活的植物，要放在行李里带回来，还要能持续两个礼拜都不死，最简单的一种办法，是拿两个大可乐瓶，把瓶口部分剪掉，扎很多眼，再放一些土进去，把植物放好，然后两个塑料瓶相向一扣，就构建了一个安全的小环境，也比较容易放进行李箱。豆科更容易，搜集一把种子，放在小纸袋里就好了。

在世界各地旅行时，我也去过非常多的植物园。只要是我要去的地方，只要有植物园，有时间安排，我都会去看。英国植物园的水平是全世界最好的之一。最有名的叫丘园，就是伦敦皇家植物园。它非常大，收藏的植物种类非常广泛，有时候看一个馆就得两小时，两个馆一上午就过去了。常常还有一些特展。我在英国留学的三年时间内，丘园去了五六次。

康沃尔郡的伊甸园也非常有特色，是在一个废弃矿坑的基础上建立起来的，还借鉴了迪士尼的经营手法，把教育和娱乐结合起来，做成了一个植物乐园。从剑桥到伊甸园坐车要五个小时，非常不方便，但我还是去了三次。

在欧洲、美国的植物园里，我特别感兴趣的是从亚洲移植过去的植物。比如中国的杜鹃，被移植到了伦敦的伊甸园之后，像乔木一样，长得异常高大，连成了一片杜鹃花林，非常神奇。可能是受大西洋暖流的影响，地处英格兰岛西南端的康沃尔郡特别适合东亚植物生长。

沿着自己熟悉的五六个科，看得多了，慢慢地就有了些积累。有一次，在费城开会，顺便去一家很有名的长木植物园，接待方安排了一位植物学硕士给我做向导，但很快我就意识到，不是他给我当向导，而是我给他当向导，很多植物都是我认识他不认识，一直走到兰花馆，他才开始活蹦乱跳起来，因为他是专门研究兰科的。

英国的上层家庭有亲自打理自家花园的传统，从大航海时代开始，就在世界各地搜集奇花异草，并以相互竞争为乐。在怡和集团掌门人亨利·凯瑟克夫妇家中，我就看到过他专门开辟的一个区域，叫独龙江植物园，全部是从云南独龙江流域搜集到的珍奇植物。100多年前，云南就是欧洲人最向往的植物圣地之一。而独龙江流域的海拔落差很大，各个海拔的植物都有。但能在家里开辟这样一个植物园，确实是件很难得的事。他家里还有中国所独有的珙桐树，也叫中国鸽子树，盛放的白花远看像一只一只的鸽子。我去过这么多植物园，最大的一棵珙桐，就是在亨利爵士家里看到的。

在珙桐林下，他还特地从地下捡了几颗珙桐种子送给我，告诉我处理方法，怎么沤，怎么催芽，怎么种，植物的话题一聊起来，两个人都滔滔不绝，乐在其中。

古典音乐和植物分类学之外，我还喜欢摄影。转业时，我把复员费全部拿出来，买了一台相机、一台放大机，星期天拍照，晚上冲印放大。但上大学之后就停了。

1996年，我创业之后的第一次休假，是我们一家人和太太的姐姐一家人，一起去新马泰玩了一个星期。太太的姐夫是摄影家，一路上有他指导，就把我的兴趣勾了起来。本来我小时候就爱画画。

从那之后，出差到哪里就都带着相机了。去世界各地登山，更是一有机会就会拍。还出过登山主题的摄影集。2011年到哈佛之后，爱上了拍植物，但在校园里，整天拿着个相机，太像游客，我就改用手机拍照。现在慢慢养成了用手机拍照的习惯。

那时候在公寓里做作业，做着做着，就听到鸟开始叫了。疲惫之余，看着窗外，天都亮了，光线很美，就忍不住拿起手机拍拍窗外。没想到，慢慢养成了拍窗外的习惯，后来到哪里都会用手机拍拍窗外，积累下来，就形成了一个"窗外"系列。2018年，我以这个系列做了一个摄影展。

和古典音乐、植物分类学一样，摄影对我也没有什么功利心，纯粹是因为在其中感到了乐趣，满足了好奇心。

第三章

# 学　习

17岁参军时,我初中二年级都没有念完,是在部队期间自学完了高中课程,才有可能上大学。后来上的又是工农兵大学,没有学到太多东西,所以一直有知识的缺失感,也一直没有停止过学习。60岁开始,去哈佛等世界名校访学,是又一次寻求自我更新的过程。

在中国的传统世界,变化是缓慢的。精耕细作的农业社会,人往往倾向于一种稳定、自足的生活。但现代世界是瞬息万变的,人如果不能保持一种自我更新的勇气和能力,就会迅速被时代淘汰。

## 第一节　半生留学梦

**初识西方文明**

我小时候看书，更多是受大姐的影响。那时候，我们八姊妹中，大姐是最有远大志向的一个。从小她就立志要学居里夫人，学习刻苦，阅读量大，对自己要求非常严格。

有大姐带着，我们很早就养成了阅读习惯。那时候，发现一本好书，几姊妹会轮流看，看完之后，大家还会一起讨论甚至朗诵。比如梅里美的小说《高龙巴》，一个发生在科西嘉岛上的复仇故事，我看完之后跟大姐讨论了很久。

她的藏书也是最多的，我常常去偷拿她的书读。终于有一天，我爬到大姐那个书柜上，把门打开一看，里面有一张纸条，上面写着："住手！"

家里书不多，所以我养成了跑图书馆的习惯。特别是上初中后，常常看到图书馆关门时间才走。也不是为了提高学习成绩，只是想看自己感兴趣的书，探险类、侦探类，还有文学书籍。

上初一时，数学老师告诉我们一句话，"学会数理化，走遍天下都不怕"。对我而言，这句话超越了学科界限，让我记住的，是知识的重要性。但"文革"开始后，我们的课基本就停了。初二参军，更是让学业完全中断，危机感一下子就来了。

从入伍开始,很多年,我常常做一个噩梦,就是在考试。在梦里总是特别紧张,醒来也总是很疲惫,潜意识里就是觉得知识不够。

到部队半年之后,我就让大姐把她的语文、数学、化学、物理等课本寄过来,我半夜里打着手电筒,在被窝里自学。最难的是化学,因为没有实验条件,看不明白。我就想方设法,跟汽车连的修理班搞好关系,请他们帮我到化学商店里买玻璃瓶和一些药剂,我自己来做实验。汽车电瓶用久了,要添加蒸馏水或者硫酸液,还要换里面的铅板,它多少和化学有关系。学物理的时候,我自己做过电动马达,还尝试做电路板,但都没成功。

在部队的那五年,我自学完了高中课程。那时候心中有一个非常强烈的愿望,就是想回去上大学。

复员之后,选择进工厂,就是为了得到被推荐上大学的机会。所以我非常非常好强,干什么我都会努力;一天的重体力劳动结束之后,回去动都不想动,还要坚持复习功课。通常的习惯是,从晚饭后差不多8点钟开始,一直学习到0点,第二天早上6点多又起来接着学习。那一年半时间,我始终抱着这样一股志在必得的劲儿。30个复员军人争一个上大学的名额,最后确实是给了我。

我在兰州铁道学院上学的那两年,正是"文革"结束前后，还在宣传《反杜林论》，批判资产阶级自由化。学校的课程很松，给排水专业我又不喜欢，所以我把专业课放到最次要的地位，差不多能应付就行了。其他时间都在自学英语和政治经济学。

大学毕业时，我仍有一种不甘心的感觉，知道自己的知识依然不够。从1977年毕业到1983年去深圳创业，中间的那六年，我一直在坚持自学。

在广东省铁路局工作时，长年在外施工，临时宿舍搭建在铁路边。三十几号人挤住在竹子、席苇搭建的工棚里，苍蝇成堆。双层铁架床，我选择住上铺，挂上蚊帐，在里面自成一个小世界。

在广东省外经委时，我还和妻子小江一块儿上省科协举办的科技英语班。那时候，在年轻人中掀起了一股留学热，我心里也已经有了很明确的想留学的念头。去深圳，本来也是想当作一个跳板，做几年就去留学。但在深圳的事业开始之后，就再也没有精力自学了，留学梦也只能在心里埋着。

自学之外，我还看了很多自己感兴趣的书。《红楼梦》就是部队进驻一个维吾尔族村庄时看的，《水浒传》《三侠五义》等，也是那段时间看的。到部队的第三年，因为得了左眼视网膜病变，我住了一年多医院，还把中国历史通读了一遍。跟这些中国的古书比，少年时代对我影响更大的是欧美和俄罗斯的书籍，除了令我热血沸腾的探险书籍之外，俄罗斯文学和法国文学对我的影响最大,托尔斯泰、果戈理、雨果、司汤达等,让我了解到西方社会的社会形态和生活方式。另外,俄罗斯生物学家米丘林给我的印象也很深。

1980年结婚之后,我惊讶地发现,岳父家的书房是一个宝藏。因为他是高级干部,所以家里有很多不公开发行的特供书,比如在西方最有影响力的一批现代小说,甚至先锋小说,还有大量未在内地发行的文史哲书籍。这又为我打开了一扇门。

创业之后,1984年我第一次去香港。那时候,内地人去香港,买的都是"三大件"。而我回来的时候,行李里都是书,三大件一件都没有。我当时主要买的就是两类书,一类是与企业管理有关的,一类是文史哲,像罗素、萨特、韦伯、汤因比、井上靖、钱穆、柏杨、黄仁宇、龙应台等人的著作。

深圳那时候开了一间博雅画廊,里面有图书区,有很多在北京、上海买不到的外来书籍,我是那里的常客。当时最得意的,是在那儿淘了一套台湾版的《中国古代军事史》。

在创业前后的那个时期,对我影响最大的,一是"走向未来"丛书,让我对包括经济学在内的多个学科建立了基本概念;一是汤因比的《历史研究》,真正改变了我的世界观。

回想起来,很遗憾的是,我读书的效率很低。没人指导,只能抓住什么看什么,不理解的地方也没人给我讲。去深圳创业之前,不知道自己将来会做什么,也不知道该往哪个方向去学习。唯有一点是非常明确的,我知道自己现在所学的知识都是积累，仅此而已。

但同时，我也已经付出了最大的努力。如果参军之后不再自学，后来的一切都无从谈起。实际上，到了深圳之后，我慢慢体会到，以前那些来之不易的积累，都派上了用场。

从商之后，我意识到自己的商业知识并非一片空白。在兰州铁道学院念书时，教我的老师中，教政治经济学的王梓元老师，让我感觉是少有的在"革命""批判"的大口号下希望教给学生真东西的人。当时只是觉得好不容易碰到一个适合自己的好老师，就想把这门课学好，作为自己的基础训练。所以很多个星期日，我特地请他给我做单独辅导。从那时开始，慢慢学习从经济学的角度看问题，知道了交换、价格、价值等基础经济知识。

后来，在广东省外经委的三年，可以说受到了很好的统计学训练。我所在的那个处是搞经济信息的，信息归类、判断市场等工作，都得学。在外经委还有读英文信息资料的机会，这给我额外增加了一个信息来源，成为我创业之后的一点优势。我会有意识地找英文报纸来看，获得的信息量就会比别人大。

在外经委，经常有机会接触外商，每年还会参加春秋两次的广交会（中国进出口商品交易会），耳濡目染，也会学到一些商业知识。

创业之后，实际操作上的商业知识，最开始竟然是从小说里学到的。最典型的就是周而复的《上海的早晨》，里面能学到一些做生意的方法。"走向未来"丛书中，经济学家张五常的《卖桔者言》对我的影响最大，这本书是由《信报》上的经济学专栏结集而成的。后来我还和周其仁教授讨论过，我们一个搞企业、一个是经济学家，当时都是从张五常这本书开始了解经济学的。印象最深的一篇文章，是讲香港除夕那天的花市，一盆花从凌晨3点到晚上12点的价格变动，是讲供求关系的；还有一篇写高斯灯塔，讲制度经济学的；一篇写三文鱼的人工饲养，讲私有产权的。都是把深奥的经济学原理，用通俗易懂的故事讲出来，让我很受益。

回顾自己的成长历程，可以看到，很多时候自己都是在向西方文明学习。不管是商业方面的学习，还是对登山、赛艇等运动的参与，对古典音乐、植物分类学的爱好，以及对西方哲学、历史、社会、文化等全方位的求知……这种对西方文明的倾心，可能与我少年时代的成长经历有关。

除了我前面说过的因为各种主客观原因，自己传统文化的底子比较薄之外，包括四大名著在内的古典小说我青少年时也看过不少，但相对而言，西方小说所展示的生活场景，更能引起我的共鸣。内心里更渴望的，是向西方文明学习。

我小学、初中学的是俄语，到部队后还继续自学过。而复员之后，我就开始从ABC自学英语了。那时候除了数理化等基本课程之外，我的很多精力都用在自学英语上。在兰州铁道学院上学时，政治经济学和英语也是我自学的重点。毕业时，我已经能够阅读狄更斯《大卫·科波菲尔》的英文原著了。

改革开放之初的"留学热"开始时,我就萌生了强烈的想留学的念头,当时最向往的是加州大学伯克利分校。实际上,一直到1999年,48岁的我辞去万科总经理之前,都还一直保有着留学的想法。在深圳,我一直坚持阅读英文专业资料、英文小说,长期订阅《经济学人》和美国《国家地理》。1999年辞去总经理之后,几经权衡,我暂时放弃了留学梦。

### 留学梦被重新唤醒

在我放弃了留学梦的11年之后,2010年4月的一次晚宴,这个梦又被唤醒了。

那次是哈佛大学中国基金会安排的一个答谢宴会。万科因为每年接待哈佛本科生的暑期实习,作为哈佛的合作伙伴,受到了邀请。在宴会上,中国基金执行主任以不经意的口吻问我:"有没有兴趣到哈佛游学?短的三个月或半年,长的一年。"我没有任何思索,本能地回应:"有兴趣,一年。"

实际上,正好在那一年,我萌生了再读书的念头。

2010年初,我参加由台湾天下远见文化事业群在台北举办的论坛。会议间隙,阿拉善SEE财务总监张敏介绍我认识香港科技大学商学院副院长陈慧珠女士。我以为陈院长也是论坛讲演嘉宾,但她却告诉我,是为了见我才特意来台北的,她想邀请我到香港科技大学商学院给EMBA班学员讲课。

那几年我正好产生了到大学商学院教书的意愿,而且在不同场合同几所商学院的主管都有所表示,但没有得到回应。没想到陈院长主动登门拜访,竟找我找到了台北,我当场就接受了邀请。

科大商学院给我发了正式聘书,合同一年。但去讲课之后,我才意识到,演讲和讲课是两回事。之前,我有很多机会到大学演讲,应该说我的表达能力还可以,又有一些不同常人的经历,在大学还是很受欢迎的,陈院长邀请我时也提到了这一点。但演讲一般一个半小时,再加一个小时的问答交流,再怎么延长也超不过四个小时,讲课却至少要安排两天12个学时或三天16个学时。而且,讲演即兴发挥的空间很大,也适合有感而发;授课却要拟大纲、编讲义,不仅要考虑逻辑上站得住脚,还要在管理学上寻找理论依据。

站在教授的讲台上,我失去了作为企业家讲演时的信心和风采。我早年创业和登山探险的故事固然引人入胜,但如何整理成可举一反三的案例就是另外一回事了。仅凭企业家的个人魅力来掩饰学识的不足,显然对自己、对学生、对学校都不是负责的态度。在教了两个班的课程之后,我有了"百战归来再读书"的念头。

实际上,之前因为常去大学演讲、办讲座,我接触过北大、清华、交大、复旦等一些国内名牌大学的教授、讲师,我都表示过想当访问学者的愿望,他们都觉得我是在开玩笑。他们说你要来就是来当教授,怎么还当访问学者,还学习呢?

但我是很认真的。

本身我的背景是学工科的,所以商科、经济学、管理学等都没有系统地学过,只有实战经验,借访学的机会梳理自己,我感觉很有必要。

而且,我还有过语言关的需求。过去的经历让我认识到,过语言关对中国企业家非常重要。在达沃斯和其他一些国际会议上,我常常发现,在全世界华人企业家里,中国香港、中国台湾、新加坡这些地方的企业家,和其他国家的企业家交流起来如鱼得水,而大陆企业家们常常自成一体。我自己也有这个问题,就想跟自己的短板较劲。

人这一辈子,最难的就是认识自己。自己的天赋、自己的残缺、自己的潜意识里未被挖掘的欲望……对此要有清醒的认识,不容易。

我铆着劲,从60岁开始去上学,可能正是因为认识到了这一点吧。

## 第二节 对西方文明源头的追问

### 60岁学英语

收到哈佛的邀请函后,助理开始办相关手续时,我却心虚了。英语只保留了最基本的阅读能力,听、说只能应付酒店出入。七八月份我到深圳某英语培训机构恶补英语口语,进展几乎为零。

后来因为不可抗力的原因，秋季开学时没能成行。我没有懊恼，反而庆幸有了更多准备时间——扪心自问，我还没有做好去英语环境中生活、学习的思想准备。

语言的听说能力一直是我的弱项。比如刚去深圳时，我专门参加过两次广东话的培训班，都不及格。但是我敢讲。在公司，开会我都讲广东话，我觉得大家都听懂了，实际可能没听懂，但不好意思说。有一天，我在香港的一家餐厅用广东话点菜，点一个服务员记一个，他全听懂了。我正高兴时，服务员说了一句话："先生，你的普通话怎么讲得这么差？"

2011年春节前，我到哈佛报到，开始正式上课。作为哈佛亚洲研究中心的访问学者，我有一间办公室。办公室里有一块木板，我钉上了课程表和各种讲座招贴。但第一学期，课程表主要是语言学校的。每周一至五，我上午在语言学校，下午在哈佛听讲座，兼试听课程。

语言学校在公寓和校区之间，步行只需六分钟，很方便。英语课程分初、中、高、最高级四个等级。入学考试后，根据测试的水平分班。我进了中级班。每个等级十个星期的课程，周末考试，十个星期后大考，通过了就念更高的等级，不及格就再上一轮原来等级十个星期的课，以此类推。

每天8点半到11点半是正式语言课，11点40到下午1点选修商业英语、速读速写等课程。一个班十二三个学生，来自世界各地，大多是十五六岁到二十二三岁的年纪，很少有超过30岁的。课堂强调互动，经常把同学一对一分组，一个同学比画单词的意思，另一个猜，看哪个小组先胜——我所在的小组经常垫底。周末考试，有的同学不到30分钟就交卷了，到最后教室常常只剩下我一个人。交完卷，只想返回公寓倒头就睡。

但最耗精力的，是晚饭后的作业。7点半结束晚饭，8点做语言学校布置的作业：语法造句和一篇作文。作文费些工夫，但10点前能够完成。10点后，开始翻下午哈佛讲座的英文笔记，这才是最费神的部分。

听哈佛的讲座时，由校方安排，请一位刚毕业的中国留学生随我一起听，帮做英文笔记。熬夜的功课，就是要弄明白这个英文笔记。但一些单词、术语，别说英文，就是翻成中文我也一头雾水。

波士顿的冬天很冷，老式公寓里暖气热度不足，得来杯热咖啡暖身提神。有一次，做功课做到凌晨，听到扫雪车"叮当叮当"的铃声，感到浑身冰凉，下意识起身去厨房倒咖啡，发现电炉上水壶里的水早已烧干，壶底烧得红彤彤的，壶盖上的塑料扣也已经熔化了。

窗外透出曙光，一看表，凌晨4点，做完做不完都必须停下来去休息了。但躺在床上，神经仍处在兴奋状态，怎么都睡不着。创业那些年，压力非常大，但睡眠一直很好。登珠峰虽然会失眠，也就是熬两个月，但在哈佛至少要熬12个月，我真担心自己会熬出抑郁症来。

其实不学语言，就泡泡图书馆，做自己喜欢的选题，再聘请个翻译，也不影响和教授交流，何必如此苛求自己呢？但我想的是，到哈佛进修的机会，一生就此一次。没有尽最大的努力，也许以后会后悔。

记得有位哲人说："存在可以没有意义，但人可以在存在中自我造就，活得精彩。"人需要不断发展自身、更新自身，而不应该被任何本质或性格所预设。过去20多年，创业、探险，不正是努力突破预设、自我造就的轨迹吗？

从星期一早起上课，就盼着可以睡懒觉的星期六。但周一至周日，每天的时间表安排得满满的。本来，周末还有滑雪的计划，但滑了一次再也没去了。因为周末也要用来学习语言。亚洲研究中心给我安排了一位英语导师，是一位女士，出版社的退休编辑，有很好的语言和文学修养。每周三次交际语言训练，一次一个半小时。因为学习压力大，我尽量避免应酬，尤其避免和中国学者、留学生应酬，尽可能少回到中文环境里。

9月，第二学期开始。课程表做了调整：上午哈佛跟大课，下午才去语言学校，把主要精力转移到了哈佛课程上。

选课虽然和感兴趣的课题有关，但课题方向上却优先考虑教授是否有PPT（幻灯片）演示。事实证明这种投机的选择对训练听力没什么好处。阅读和听力不但不互补，反而相互干

2011年，在哈佛大学的公寓里

扰，当阅读 PPT 的文字时，耳朵就自动封闭了。开始时没有觉察到这一点，走了弯路。后来课堂上有 PPT 时，反而有意不看，但没有 PPT 的课堂，又盼望 PPT，是种很纠结的状态。

上午 8 点 40 到 11 点，在哈佛听主课。下午 1 点到 6 点，在语言学校上英语选修课和语法课。每周两次，晚 7 点半到 9 点还有口语课；每晚回公寓，仍要看资料做笔记至凌晨。

每天的生活节奏都很快。第一堂课下课前就整理好书包，一结束就往下一节课的课堂跑。如果后面几排没有座位了，就选择一个角落席地而坐。午餐在哈佛广场随便一间咖啡屋里解决，通常是一个三明治。1 点半开始，去广场对面的语言学校。下课后，返回学校图书馆还书借书、打印资料，出图书馆已经过了晚 7 点，快餐店买一个四美元的土耳其鸡肉卷，量大，吃一半就饱了；另一半打包带回下一顿吃。回到公寓，烧壶水，开始做家庭作业……

在老师的指导下，我第一次尝试高密度快速阅读，以此弥补听力、口语的缺陷。但时间长了，眼睛受不了。第一学期是觉得脑袋累，担心自己神经衰弱；第二学期则是眼睛充血，视网膜硬化，老花眼的程度明显增加，散光严重，就重新配了眼镜。

由于晚上熬夜太厉害，白天上课就会打瞌睡，觉得全无出头之日。只有匆匆赶路途中，抄花园小径走近路时，偶尔停下来拍拍不认识的花，抽时间查查它的分类，是最放松的时候。

那段时间，有两个人对我帮助很大。

哈佛有一个传统，高年级学生带低年级学生，包括介绍课程、推荐教授、交流心得、指点窍门……我既不是本科生又不是研究生，也就以为自己没有高年级学生来传帮带。实际上，到哈佛之后，我和常征来往比较密切。他是前万科员工，出于热心，也出于对公司的感情，经常会来拜访我，一起聊聊天。在这种有意无意的交流中，帮我解决了很多问题。

亚洲研究中心主任助理米勒也帮了我很多。他大学毕业后到日本教英文，娶了一位日本太太，学会了日文。他常常用自己学日文的心得，帮助我学英文。我至今还记得他说的几个要点：第一，单词不能硬背，要用它造句。这一条我本来就会。第二，要学会嘟囔，要常常自言自语。我试了一下，很管用。第三，要给自己营造语言环境，睡觉前多听广播，争取说梦话都用英文说。我就开始尝试晚上听"美国之音"，但后来我发现，我闭上眼睛听英文时，比睁着眼睛更容易听进去，结果和教授谈课题时，为了听得更清楚，常常垂着眼睛，让教授误会我是在打瞌睡。发现这个问题之后，我才慢慢纠正了闭着眼睛听英文的习惯。

很多个周末，米勒都会请我到他们家聊天。他不会中文，所以我们只能用英文聊。时间久了，他感觉到了我明显的进步。

慢慢地，也许是语言过了关的原因，人就放松了许多。哈佛亚洲中心的一些人知道我刚到时的语言能力，还纳闷一年过后,我就可以"哇啦哇啦"讲英文了。

刻苦学习不需说,连在美国考驾照笔试时,本来可以选择用中文答题,我都选择了用英文。放下身段敢讲也很重要,在各种场合,我都尽量给自己练习英文的机会。受校方邀请,我会定期去哈佛商学院配合教授讲课,每次都是坚持用英文讲。而那段时间,我找到的练口语最有效的方法则是公开演讲。

我第一次用英文演讲,是在2010年的哈佛亚洲论坛上,那还是在我去哈佛上学之前。

主办方因为担心中文演讲加翻译时间,信息量不够,建议我用英文演讲。我心想,也就20分钟,即使我英文对话磕磕巴巴,念总能念下来吧?问题只是单词的重音把握对不对,语句说得流畅不流畅。我接受了建议,还专门请了香港的一家英国演讲公司把演讲稿翻译成英文。因为当时很忙,去美国的飞机上才来得及看,一看,用了很多古典英文,以前根本没看过。结果第一站在费城,轮到我演讲时,20分钟的演讲稿,我低着头足足念了39分钟,而且声音越来越小……那一次真是浑身都感觉不对劲儿。

到哈佛正式演讲时,排在我前面的演讲嘉宾,第一位是当时的中国银行行长,留英的,20分钟洋洋洒洒;第二位是许小年,留美的,脱稿演讲,20分钟了还不肯下来;第三个是我,我还没开始念,主持人就说,王总,求求你了,能不能还是用中文来演讲。结果我回答说:"Please, give me a chance."(请给我一个机会吧。）下面"哗哗"的掌声，我就开始念。吸取第一次的教训，我让自己的声音至少先洪亮起来，并保持与听众的交流，效果明显好了一些。

刚到哈佛时，世界自然基金会美国基金（WWF-US）知道我在哈佛访学，邀请我参加WWF成立50周年的庆祝活动，做30分钟的专题演讲。我主动提出：用英文讲。

本来睡眠就不足，额外增加演讲练习，有一种大考前的感觉，几乎有些体力不支了。

演讲在华盛顿WWF-US总部三楼报告厅。"女士们，先生们，上午好！"声音干涩、低沉，不像是从自己嗓子发出的。接着，脑袋有些空白，张开嘴却没有发出声。定了定神，用变得嘶哑的嗓子开始念英文稿，难发音的词要重复三四次才顺过来。念着念着，前排的一些听众开始小声地、打提前量地念PPT上的稿子，引导我正确发音。我一边念，一边已是大汗淋漓。

但故事引起了共鸣。我把亲身经历的三个故事讲完后，听众被一家中国企业的环保意识和环保行动所感染，演讲获得了成功。在公共场合说英文，有了心理上的突破。不久之后，我又接到邀请，参加WWF全球总部在日内瓦的50周年庆祝活动。

这次不仅仅要演讲，还安排了问答环节。经协商，在问答环节安排了一位翻译。

演讲再次获得了成功，但在问答环节，我发现，我的回答翻译成英文后，意思同中文差距很大，忍不住示意翻译打住。

"还是我用英文直接回答吧，我的意思是……"真不知道哪儿来的勇气，"哇啦哇啦"回答问题。一长串一长串从来没用过的句子，一下子冒了出来。

WWF 两次讲演的成功，给了我很大的鼓舞。我开始有意识地为自己创造演讲机会。之后，在纽约古根海姆博物馆举办的"城市未来"论坛、麻省理工学院中国学生会举办的"创新"论坛、伦敦政经学院举办的"网络时代大都市"论坛等活动，我均以英文讲演。只是问答环节，还要借助翻译。

一次，没有任何准备的情况下，我接受英国广播公司的采访，硬着头皮和主持人对话了 20 分钟。录制完成后，我问主持人："听懂了几成？"主持人不大确定地回答："80% 吧。"

来哈佛之前，随着年龄的增长，感觉脑袋不再像年轻时好用，思维凭经验，忘性也大，并且总对自己有一些心理暗示：老了，不用再辛苦动脑子了；也成功了，不用再这么辛苦了。但重新置身学习环境中，每天强记、做作业、强迫接受需要动脑的训练，封存的思维竟开动起来了，就像给生锈的机器加了润滑油，激发出了新的活力。

这是一种很特别的、豁然开朗的全新感受，我强烈感到，脑子又回到了 20 年前的状态。

近两年开始在希伯来大学学习，我又开始学希伯来语，希望通过文字来了解希伯来文化。之后，我还准备学阿拉伯语。

### 研究犹太教，在逻辑上提高自己

去哈佛上学，以我的愿望，是想解决几个问题：

一是方法论上的。我一直希望自己能接受系统的学术训练，并提升自己的逻辑思维能力。

二是希望能对西方文明的精髓有所了解。很多年以来，我都着力于了解西方文化，力图做到广泛而深入，历史、文学、艺术、建筑、运动……我都有浓厚的兴趣。而当我真正有机会进到西方最高学府进行系统学习时，我意识到，摆在我面前的有两条路——哲学或宗教，它们都是了解西方文明精髓的正途。结合现实条件，我选择通过宗教去了解。

从宗教发生学的角度看，同为"一神论"宗教，基督教和伊斯兰教都与犹太教有着千丝万缕的关系，要想了解基督教文明的主要脉络，对这些宗教都应该有所了解。所以从一开始，我就规划好了学习路径，即美国哈佛大学（基督教新教）—英国剑桥大学（基督教）—以色列希伯来大学（犹太教）—土耳其伊斯坦布尔大学（伊斯兰教）。

在哈佛，我首先选择了一门名为"'二战'后美国宗教信仰的变化"的课程。这门课涉及的内容包括从"二战"结束到21世纪初美国信教人数的剧烈变化及其原因、美国"宗教不能干涉政治"的原则、政治对宗教的利用等等。这门课让我重新认识了宗教在现代社会中扮演的角色。

## 第三章 学 习

到剑桥后，我开始研究犹太教，选择以"犹太人的东亚迁徙史"作为自己的课题。2017年下半年开始，又带着这个课题去希伯来大学继续研究。

实际上，正是在研究这个课题的阶段，我开始习惯于用符合学术规范的方式去进入一个问题。

刚进剑桥彭布鲁克学院时，就确定犹太宗教和文化为我的研究方向。但赛门·勒蒙特教授第一次给我开的书单，都是一些方法论的东西。那几本书都是告诉一个没有受过系统训练的人，社会学科课题研究应该怎么开展，论文应该怎么写。

一个月之后，学院又向我推荐，在犹太文化研究中心，什么问题可以登门请教哪位教授，什么问题又可以去听哪位教授的课，指点出了清晰的学习路径。

为研究这个课题，我首先通过对基督教和犹太教的比较，去了解犹太教的教义、历史和特性。

其次，再了解犹太人在中、日、韩、朝等东亚四国的历史。从有记载的历史资料看，犹太人进入东亚，最早是中国，可追溯到北宋的开封。其次进入的国家是日本，已经是1904年的日俄战争时期了。进入韩、朝两国就更晚，应该是1950年爆发朝鲜战争之后，美国军队中有士兵是犹太教徒，军队中也有随军拉比，这样犹太教才进入朝鲜半岛。

然后，我开始了解开封犹太人的情况。

有证据表明，这一支犹太人是北宋时来的，通过丝绸之路来做生意，留下来了，形成了一个犹太人社区。

明朝万历年间，利玛窦来中国后，在北京建立教堂，就有一个在开封当过官的官员对他说，你们不是来得最早的，开封就有你们这个教。利玛窦很奇怪，派人去开封了解，才发现是犹太教。这些犹太人不但有宗教会堂，还过着正常的宗教生活。但20年之后，当利玛窦再派人去时，发现会堂已经被洪水冲毁了，宗教生活也没有了。

直到今天，那三个村落还在，称为"七姓八大家族"，主要有艾姓、李姓、赵姓，但宗教生活已经完全没有了。

分析这个犹太社区没能维持宗教生活的原因，有下面几点：

第一是语言上的。犹太教是到今天唯一一个仍使用希伯来文过宗教生活的宗教。之前，因为古丝绸之路没有断，不断地还有往来，也不断地有懂希伯来文的拉比到这儿来继承，但是后来就中断了。当最后一个懂希伯来文的拉比去世后，宗教生活就没法过了。

第二是经济上的。当宗教会堂被洪水冲毁之后，犹太社区没有经济能力重建。利玛窦派去的人发现，水灾后宗教会堂剩下的建筑材料，都被清真寺买走了。利玛窦派去的人还在那里买了很多卷宗，这些卷宗现在流落在西方的各个博物馆里。

第三，也有被逐渐同化的原因。实质上，当利玛窦派的人第一次去开封了解时，发现中国人把他们当作了回教徒，称他们为"蓝帽回回"。可能是因为生活习惯和宗教仪式有一些相似之处。缴纳土地税的官方记录中就是用"蓝帽回回"的名字称呼的犹太人。中国人连他们是犹太人都不知道，所以也谈不上排斥或保护。在这样的处境下，更容易被主流文化所同化。

另外，犹太人的血缘关系是以母系为准的。以犹太人的标准，女孩子找非犹太人的老公，子女算犹太人。但男孩子娶非犹太人的妻子，子女就不算犹太人。而他们在中国汉化之后，都是以父系这边的血缘关系为准。所以中以建交之后，这几个村的人希望能恢复他们的犹太人身份，但因为血缘无法追溯，以色列没有同意。

之后，我又了解了犹太人在上海和哈尔滨的情况。

按有据可查的标准来看，犹太人第一次进入上海是鸦片战争之后，是和英国商人一起来的，既有商人，也有建筑师。

犹太人与中国最著名的一段历史，是"二战"期间，有两万多犹太人曾在上海避难。

关于这段历史，目前能够弄清的史实是，1937年到1941年间，有两万多犹太难民来到了上海，当时上海已经被日军占领，进入上海不需要签证。

但从奥地利来上海的犹太人是得到了中国驻奥地利总领事何凤山发放的过境签证后，才得以逃脱纳粹的迫害。因为虽然进入上海不需要签证，但他们只有拿到了签证，才被允许离开法西斯德国控制的国家和地区。何凤山发放签证的数量，学术界还没有确切的数字，根据发出签证的编号，估计在3000人以内。其他获得前往中国的主要由伪满洲国驻柏林大使馆签发；还有4000人拿到日本签证先到日本的神户之后，再被安排转移到上海。

这批犹太人到达时，上海的控制权是在日军手里。给犹太难民划定的虹口限制居住区属日租界管辖。1941年太平洋战争之后，日本人开始为他们建集中营，但只是集中管理，白天可以持临时通行证到集中营外打工，晚上必须回来居住。

给这些人提供经济援助的，主要是在上海的犹太人商会和两个不在中国的组织，即犹太人国际联合会和美国犹太人协会。

有人猜测，作为轴心国成员的日本之所以对犹太人网开一面，尤其是美日开战之后，还允许这两个组织提供经济援助，有一个目的是希望通过这个渠道与美国政府保持联系；也有人猜测日本是想拉拢犹太人，利用他们去建设伪满洲国。

日本人与犹太人的关系，开始于日俄战争期间。当时，日本派出日本银行副总裁高桥是清到伦敦发行战时债券，为战争筹款。当时国际金融界均认为日本必败于沙俄，尽管债券的利息高于正常利息的两倍，也只筹到一半。直到一位美国金融家雅各布·希夫鼎力相助，才顺利解决。这位金融家是犹太人，而那时沙皇正在迫害犹太人，所以只要是和沙皇作对的战争，他都支持。后来，有2000多犹太人居住日本，形成了自己的社区，建立了犹太会堂。

了解这段历史的人，更容易将日本人的网开一面，与对犹太人的经济需求联系起来。但这些都只是学术上的猜测，没有找到原始文件可以证明日本人的意图。

为了研究这段历史，我在剑桥图书馆看过很多原始文件，包括当时的日本政府、日军及伪满洲国之间很多的电报和邮件，也没有看到有突破性的证据。

"二战"结束后，这些在上海的犹太人几乎全部离开了。而在今天的中国，来经商、留学、暂住的有二三十万犹太人，但一座合法注册的犹太教堂也没有，值得深思。

在东亚历史上，与犹太人有关的另一个重要地点是哈尔滨。犹太人与哈尔滨有非常深的联系，直到今天，哈尔滨人的很多生活方式和文化习惯，都与犹太人的影响分不开。

关于哈尔滨犹太人的历史，伪满洲国时期的文档还静静地躺在档案馆里。犹太人如何与关东军和伪满洲国政府打交道，如何被管理和自我管理的，学术研究上还是个空白。我希望能推动这段特殊时期哈尔滨犹太社区的了解和研究。

一个中国企业家，如此认真地关注并探究在中国的犹太移民历史和社区生活，很多犹太人听说后都感到意外和感动，也因此对我亲近了许多。2017年5月去以色列希伯来大学注册时，校长办公室主任安排我去见东亚系的著名汉学家尤锐教授。尤锐教授中文讲得非常好，娶了位中国太太，更妙的是还受聘于天津大学，讲授中国历史。去之前，办公室主任提醒我,这位汉学家在接待中国人时,态度常常非常尖刻。见面后,刚开始的气氛确实有点生分,但当我谈过对开封犹太人了解的情况之后,他的态度180度大转弯,立刻说:"我这里有资源,你有需要时我全力以赴支持你。"我想,尤锐教授是在听了我了解的情况后,意识到我是在以一种平等的、不那么功利的心态,在认真地做犹太人在东亚的变迁史探索,态度自然就不同了。

事实上,相对于欧洲、北美,中国人对以色列、对犹太文化了解得并不多。我也希望自己能推动两种文化的互相认知,以共谋未来。

"犹太人的东亚迁徙史"这个课题还未结束,我的访学计划也还在进行中。同时,我也一直在几所大学教书。因为有了在哈佛、剑桥的训练,我现在教书时,已经感觉有所不同了。

2010年,我接受香港科技大学商学院的聘请,聘期三年,每个班15个学时。2012年开始,我又接受了北大光华管理学院的聘请,每个班12个学时。之后,又接受了北大国家发展研究院的聘请。在这几所大学,我教的都是"企业伦理"。

从2010年到2016年,有七年时间,我每次去讲课都很兴奋,但每次也都讲得很累、不放松;而且每次去之前,都必须提前备课。

我很希望自己能做到像哈佛大学的弗德里曼教授那样。我听他讲"基督教思想对资本主义精神的影响"这门课,可以用行云流水来形容。60分钟,听着听着就突然听到他说,"同学们,下次再见",觉得时间过得非常快。但我就是做不到。

2016年下半年,情况有了一些变化。那个学期我去北大光华学院讲课时,突然觉得自己放松了,找到了感觉。连续两天,每天上午和下午各三小时,感觉时间很快就过去了。

跟我合作了多年的助教周寅猛也发现了这一点。他说我讲课的感觉和之前完全不一样了。变化主要有两点:一是超越了企业家的实用主义的思维模式,而尝试从理论和哲学的角度来看问题;二是注重引导学生思考,与学生的互动多了,不再是简单地宣讲。

我也发现自己和学生之间的关系产生了变化,之前觉得自己是老师,传播知识、讲授案例,是在帮助学生提高。现在觉得自己是个启发者。

这可能是一个从量变到质变的过程。发现这一点,我感到特别高兴。因为教书是我一直以来的心愿。我的生活内容,不再仅仅是我做多少资金量的生意、我把品牌做得多么有影响力,还可以把我的经验教训和青年一代交流。

记得2000年左右,黄铁鹰先生从华润退休后,在澳大利亚买了个农场,准备做一家农场宾馆。我找他很认真地聊了一次天。他比我小四岁,当时才45岁,我就说你这么早退休太可惜了,建议他在国内选择一所大学去教书。不久之后,他就去了北大光华管理学院,一直教到现在。八年之后,我步黄铁鹰教授的后尘,把越来越多的精力放到教育上来,只是没有那么纯粹。

通过访学、教书,从中得到提升,既让青年一代受惠,亦使自己受益。最近这几年,我过去常接触的一些朋友、万科的一些同事,都觉得我现在的思维方式和过去有了很大的不同。以前,还是习惯于一种"武断的、绝对的"思维方式,而现在,变得更包容、更有思辨性了。思维方式一改变,处事风格也就随之产生了变化。

**重新认识中国文化**

在哈佛的第三学期,我选听了一门很特别的课程"中国古典道德与政治理论"。授课的是普鸣(Michael Puett)教授,这门课后来成了哈佛大学第二受欢迎的课程,仅次于曼昆的"经济学原理"。

没想到的是,这门课成了我在哈佛期间收获最大的一门课。

因为受到鲁迅的批判精神的影响,我们这一代中很多人更愿意接受五四运动所追求的"德先生""赛先生"的精神,对中国传统文化则持虚无或者批判的态度。加上我的家庭没有知识分子背景,没有接受过系统的中国传统文化训练,主观意识里对传统文化有距离感。以前,我一直把这当作自己的优势,但到哈佛之后,我被美国人看自己、看世界的态度和方法震动了。

普鸣教授认为,21世纪的美国人和2500年前的中国人一样,都面临自我中心的困惑。他希望通过中国哲学思想赋予美国人具体的、革命性的理念，指引他们成为好人，并创造一个良好的社会。

我看到，美国精英阶层，尤其是学术精英已经在正视中国传统文化，开展系统的研究。不仅哈佛、哥伦比亚、斯坦福，很多其他美国大学都有专门研究中国的机构，对亚洲文明持一种肯定、客观的研究态度。

而我作为一个中国企业家，来哈佛学习，进行东西方文化的比较，希望能找到自己的位置。但有了这样的了解后，发现自己对西方文化不是很了解，对东方文化也不是很了解。我才意识到，我不仅要系统地了解西方文化，还要系统地了解中国传统文化，这样才知道哪些是应该吸收的，哪些是应该舍弃的，哪些是应该结合的。这样的心态，才是属于未来的。

也是因为有了这样的认知，2018年1月23日，我在北京水立方做个人的跨年演讲时，才把主题定为《回归未来：到文明源头拥抱未来》。

思想转变之后，我最大的体会，就是自己可以心平气和地看中国问题了，理解中国的现状也容易多了。

有一个思想上的转变，我想值得一提。

2007年底，基于对市场变化的判断，万科决定将2008年的计划开工量缩减38%，并且决定调低广州万科金色康苑项目的价格。12月13日，我在清华大学国际交流中心参加"中英低收入人群住房解决方案比较研究"新闻发布会。记者问："进入10月以来，珠三角住房交易量出现了不同程度缩水……楼市拐点是否出现了？"我说："我认可你关于'拐点论'的说法。"

"拐点论"就此将万科卷入了一场风波之中。万科因此受到了房地产同行、地方政府的巨大压力和公开排斥。面对市场已经发生的客观变化，他们宁愿以硬撑着不降价来应对，以为这样就能维护既得的利益。

在一个城市，因为降价，一些已经购买了万科产品的准业主，觉得自己房子还没到手，开发商就降价，有情绪，冲进售楼处干扰销售，打砸办公室，限制万科员工人身自由，甚至造成伤害。这样的行为已经破坏了正常的经营秩序，但是警察来了，却只站在一旁袖手旁观。我当时就想，如果每个城市都这样，那万科就没法经营下去了。

所以我认为地方政府的行为就是不作为，觉得中国没有契约精神。

我理解的契约精神，第一是要自愿，一定是在自由、平等、自愿的原则上达成的契约；第二，契约应该得到执行；第三，如果不执行，对于违约方有惩罚条款，对于损失方有补偿条款。

但在哈佛上了普鸣教授的课之后，我对中国传统的契约精神有了新的认识。

我知道了中国传统社会是有契约精神的，但与西方有很大不同。区别主要有两点，一是保人制，担保人的连带责任非常重；二是同情弱者原则。

比如我了解到，中国某个历史时期的地契买卖，除了有保人制以外，还会规定，如果卖方想赎回是可以赎回的，而且是按原价。这就明显是偏向弱者的。因为如果按我理解的西方的契约精神，第一，是否能赎回，要看买方是否愿意；第二，赎回肯定是按市场价。

同情弱者的原则，缺少竞争性，对经济社会追求的效率价值没什么好处。但它追求的理想主义、公平，又与西方社会的某些价值观是一致的。只不过西方在关注弱者时，用的是第三种力量，即慈善、公益的方式。而中国，常常就由政府一次性解决。

再回头看"拐点论"风波中万科的处境，我就比较容易理解了。

但经营上怎么解决呢？我想到的一种可能性，就是不再公开降价，而是利用各种节日，用优惠政策来进行促销。同样不违背现代契约精神，又尊重中国传统文化。

有了哈佛的这些经历后，我不再纠结于东西方文化谁好谁坏，而更多是正视、理解它们之间的差异。更多思考的是，作为一个有中国文化背景的人，怎么在全球文化当中来把握平衡？

在逐渐体会了东西方文化差异之后，我明白了中国传统的无神和多神信仰，更多地是对现实社会的神化，是人神不分的。这和"一神教"的社会，有着巨大的差异。也是在这种文化背景下，容易出现对领袖的偶像崇拜。

在做了"江户时代日本工商阶层的社会地位"这个课题后，我对中国的商业文化有了新的理解。我意识到，以前自己的探索是不够的。是不是有了中国的改革开放政策，有了市场经济，有了私营企业，就能成功，就能出现像索尼、丰田这样的企业？过去我认为有可能，现在感觉，这些因素还构不成答案。去哈佛之前，我总是觉得改革力度不够。但思想转变之后，心情反而很容易沉静下来，更清晰地思考中国从传统社会向现代社会转变的进程。可能，还会需要第二个、第三个"四十年"。

还有一个转变，是对自我的认识。我开始正视中国传统文化对我的影响。

比如对成功的理解。对企业家而言，什么叫成功？按西方的价值观，近一点的会想到比尔·盖茨、巴菲特，还有他们的慈善资金。

从进化心理学来讲，要怎么比本事？简单概括，就是"我能你不能"。不光是他们赚了多少钱，有多少钱做了公益，还有他们对社会的影响力。他们不光自己做公益，还到世界各地，号召其他的成功人士做公益。

再远一点来讲，像美国工业革命的那一代，福特、洛克菲勒等，也是类似的，建学校、医院、博物馆……他们成功的标准是在这里。

而从中国儒家的角度，成功有另一种标准，就是看你对国家的贡献。有国才有家，这个贡献是不分尊卑的。国家兴亡，匹夫有责。

比如我的朋友华大基因董事长汪建，他的公司已经上市，他自己也是亿万身价，但他的家是不用锁门的，家徒四壁，没东西。

这以西方价值观来看，是很难理解的。马克斯·韦伯的《新教伦理与资本主义精神》更能解释西方人的财富观。

记得万科1989年上市后，美国三大电视网之一的哥伦比亚电视广播公司摄制组专程到深圳采访我。摄制组是根据美国大使馆商务处提供的信息而来的：深圳有家企业已进行股份制改造，其公司创始人是目前中国大陆最成功的企业家之一。

问：请问王石先生，您现在的身家有多少资产？

答：没有什么资产。

问：不方便透露？

答：没有什么不方便的。股份化改造的时候我有2.5万元存款，拿出了2万元买了万科股票；股改时，公司的资产4∶6分配，职工股为集体持有，我没有要一股。

问：为什么？

文化不同，是解释不清楚的。但去哈佛之前，我从来不认为我这么做是受中国传统文化"以天下为己任"的影响。但今天我才发现，自己早就身在其中。

从一开始创业，我就不是为了个人赚钱。

而更有意味的是，去了哈佛之后，"以天下为己任"的"天下"，在我心中不再只限于中国，而是扩展到了整个世界。

在我担任了亚洲赛艇协会主席之后，为亚洲各个国家的赛艇事业奔波的时候；在我连续多年每年参加联合国气候变化大会，为地球环境的保护思考的时候，我认为自己已成为一个世界主义者。

在哈佛上学时，我习惯于从去主图书馆比较方便的那个校门出入。在去哈佛的第一个春天，我意外地发现校门旁的小草坪上，有一座汉白玉石碑。

每天都有大批的游客参观哈佛校园，铜塑哈佛先生坐像是必然参观的项目，其伸出的右脚也被游客摩挲得锃亮。位于西侧的这座汉白玉石碑却不被人注意。

驮石碑的赑屃四爪鼎力，昂首向前，给人以充满力量、不畏艰辛、忍辱负重的印象。碑额浮雕"二龙戏珠"图案，碑体两侧祥云、龙身环绕。

细辨碑文："文化为国家之命脉。国家之所以兴也繇于文化，而文化之所以盛也，实繇于学。深识远见之士，知立国之本必亟以兴学为先。创始也艰，自是光大而扩充之，而其文化之宏往往收效于数百年间而勿替；是说也，征之于美国哈佛大学滋益信之矣！哈佛约翰先生于三百年前，由英之美讲学于波士顿市，嗣在剑桥设大学，即以哈佛名之；规制崇闳，学科美备，因而人才辈出，为世界有名之学府，与美国之国运争荣。哈佛先生之深识远见，其有造于国家之文化大矣。我国为东方文化古国，然世运推移，日新月异；志学

第三章 学 习

之士复负笈海外以求深造。近三十年来，就学于哈佛，学成归国服务国家社会者，先后几达千人，可云极盛。今届母校成立三百年纪念之期，同人等感念灌溉启迪之功。不能无所表献；自兹以往，当见两国文化愈益沟通，必更光大扩充之，使国家之兴盛得随学问之进境以增隆。斯则同人等之所馨香以祝而永永纪念不忘者尔！"落款："公历一九三六年九月哈佛中国留学生全体同学敬立。"

英国出版过一本叫《伟大的探险家》的书，介绍了近500年来西方最重要的40位探险家。正是他们的探索，推动了西方文明的崛起。但在介绍所有探险家之前，作者提到了永乐大帝和郑和。"中国人极不情愿向他们的边界之外看得太远，如果这项民族特性当初有所不同，世界的政治格局将会永久改变。这种情况只在一个短暂的时期有所改观。1405年，外向型的永乐大帝建造了世所未见的最庞大的舰队。在郑和的领导下，63艘巨大的远洋巨舰扬帆起锚，走遍已知世界，到处宣称中国的宗主国地位。在欧洲普遍使用的罗盘，500年前中国人就发明了它，郑和的舰船足有哥伦布的'圣玛丽亚号'十倍大，整个舰队共有28000人，他们是无懈可击的。在接下来的六次远航中，他们造访了至少35个国家，甚至可能到达了南美洲，尽管这一点还存在争议。无论真相如何，这个缔造帝国的时刻被错过了，在哥伦布向西启航50年前，中国恢复了其传统的孤立主义，并一直延续下去，直到现在才有所改观。"

## 融入剑桥

去哈佛之前，我原本的学习计划只有三年，哈佛一年，剑桥一年，希伯来大学半年，伊斯坦布尔半年。真正到了哈佛之后，我意识到，自己还是浮躁了一点。一年的访学期限快结束时，我向校方申请了延长，在哈佛实际念了两年半。快结束时，我就觉得，如果能在哈佛扎扎实实学四年就好了，但剑桥已经联系好了，就去了剑桥。原本计划在剑桥学一年，实际又待了两年。之后又增加牛津大学的一年。

去牛津之后，因为"万宝之争"，学业实际上中断了。2017年9月，我已到以色列的希伯来大学报到，继续学业。到希伯来大学三个月后，我发现这所有"中东哈佛"之称的大学，在阿拉伯文化和伊斯兰宗教方面的实力也非常强，所以决定在这里潜心学习，取消了去伊斯坦布尔大学的计划。

在这个过程中，我曾把三年的学习计划延长到了十年，但没想到的是，到现在已经过去八年了，前面的路还很长。

在哈佛的两年半，经历了很多坎坷。

我在哈佛的学习是以本科生的课程为主，也辅以研究生的课程。所选的具体课程有"资本主义思想史""经济学原理""城市规划与投资管理""新能源经济政策"等。刚开始选课时，我很贪婪，一口气选了五门，后来才发现那是不可能的。减成四门，又觉得不可能，再减到三门。到最后，因为要完成作业，勉强每个学期两门课。在筛选课程时，能和宗教、哲学接近的课程，我尽量留下来。

回想起来，在哈佛的学习生涯非常难熬，特别是第一学期，差点儿没撑过去。而直到离开哈佛，我也没有找到游刃有余的感觉。在度过了最初的语言适应期后，我选择以"江户时代日本工商阶层的社会地位"为课题，进行深入研究。

就这个课题，我一直计划写一本专著，但实际上，离开哈佛好几年了，都没有完成。

记得离开哈佛半年之后，我要去纽约参加一个会议，就想着顺道回哈佛看望一下老师和朋友，什么都安排好了，到登上去纽约的飞机之前，突然就觉得有点不安，不知道什么原因，后来才意识到，自己没做好回哈佛的准备。后来长达四年的时间，都不敢回哈佛。直到 2017 年 10 月，因为波士顿的一个赛艇比赛，才第一次回去。刚到的一个晚宴上，我有一个即兴发言，讲了这一段不敢回去的心路历程。当时，一边说一边忍着，眼泪差点儿掉下来。但接下来在哈佛的行程中，我慢慢意识到，我是太在乎自己了，总觉得自己一定要有个什么说法，一定要有什么进展，才能证明自己在哈佛学习的收获。其实没必要给自己那么大的压力。那种潜移默化的影响，早就已经发生了。就像刚去哈佛最难熬的那段时间，如果不是在上课时经常会有意外的惊喜和收获，如果没有感受到那种人文荟萃的环境所给予人的知识量和信息量，我是熬不下去的。

这次回去，一切都很熟悉，哈佛还是那个样子。离开一周或者十年，不会有太大不同。

在剑桥的经历,没想到比在哈佛顺利得多。

2013年10月,在刚去剑桥的适应期,不管语言上还是经验上都有了一定基础,所以我敢于主动,也能够主动。轻车熟路地安排听课、泡图书馆、锻炼、主动联系教授、导师,一下子就打开了学习和生活的圈子。

初访剑桥时,目睹他们身着长袍、讲究礼数的那一套,和哈佛的放松态度很为不同,心里颇有点忌惮。剑桥校园里的教授、学生身着古老的长袍用餐、上课、参加典礼,这种传统根深蒂固,以至于人们用"袍"和"镇"的称呼来区分学校师生和镇上的居民。

去剑桥后,有一次,我所在的彭布鲁克学院要在圣诞节之前召集教授团、学者团晚宴,通知上没有要求穿正装,而是写着"black tie"。我不知道怎么穿,特地问秘书,秘书说就是打黑领带。但我想圣诞前夜的晚餐,肯定很正规吧,就穿上晚礼服。不过又担心,如果真的只是要求打黑领带,到了现场只有我一个人穿礼服,也会很狼狈。于是背了一个包,里边塞一套便装。到了宴会场地外边,偷偷往里瞥一眼,果然全都穿着晚礼服。

剑桥处处能感受到等级。例如,每个学院门外,只有fellowship(董事)才有停车位,只有fellowship才能把自行车停在门洞里,只有fellowship才有资格在草坪上走。正式集会场合,从每位fellowship的长袍上能看出不同等级序列。每天学院晚餐,如果院长在场,一声钟响过后,身着长袍的他会站起来，用拉丁语诵祷文，然后请大家开始用餐。如果院长不在，很自然地，最资深的那位 fellowship 会站起来执行这个职责。

取食的时候也一样，依照等级资历，等级高的在先，依次排队。通过长袍一眼就能看明白，没有人会乱了秩序。

剑桥这些传统，有些是正式制度，有的是约定俗成。慢慢地我体会到，这些清规戒律中表现出来的等级制，不是行政和人格的等级制，而是一种学术等级，是出于对知识的尊重，对知识贡献的高度敬重。这种氛围让人感到一种特别的文化力量。

彭布鲁克学院的教授、访问学者中，当时只有两个中国人。除了我，还有一位华人 fellowship。他毕业于剑桥，进入传媒领域，商业上成功后，又在剑桥办了一所私人大学，800 个学生，主要面对第三世界国家的学生。我们认识后，他很惊讶地问我："怎么这里的人都认识你？"他说，作为 fellowship，他拥有学校专门提供的停车位，但这么多年在剑桥，与这些英国教授并没有多少交往。

我很快意识到问题所在：在剑桥，我选择了融入当地生活方式，因为我真的觉得这里好得不得了，这里的西餐也比哈佛的好吃多了，所以晚餐时间我基本全部安排在学院的"哈利·波特式"的饭堂。三个月下来，和英国人混了个脸熟，见面都会打招呼。而这位非常成功的华人老弟基本不在这里吃饭，就融入不了这个圈子。这个原因的后面，又是因为他有一个中国胃，吃不惯西餐，每顿饭都要回家吃中餐。

英国教授们多在学院里吃饭，来一小杯红酒，就是最好的沟通机会，有时一顿饭会吃到晚上10点，思想和情感充分交流。

这种交流常常会有意外的收获。我在学院食堂里认识一位老头儿，91岁，是个布谷鸟专家。我一听愣了，以前只听说动物学家，顶多细分到鸟类专家、海洋动物专家，这老头儿竟然专门研究布谷鸟！我跟他说，布谷鸟在中国是比较吉祥的，它的鸣叫代表春天到来，催促大家开始播种耕作。他告诉我，布谷鸟在欧洲是不吉祥的，听了布谷鸟叫要赶快跑开。如果两个人听到布谷鸟叫，谁跑得快，谁就安全，跑得不够远的，灾难就来了。就这样，饭桌上我常常得到许多有趣的信息。

应该说，在剑桥学习没有像在哈佛那么痛苦，但也非常不轻松。最多的时候，我有三位导师，每个礼拜分别见一次面，见完后就得开始看参考书，准备下一次谈话的内容，会发现非常消耗精力，常常顾此失彼。

所以后来，我放慢了节奏，由三位导师减为两位，最后减为一位。原来一周见一次，后来改为两周见一次，一个月一次。甚至有时候，一个月一次，还希望他病了，病了就不用见他了。因为我知道，见他前必须先做功课，得完成他布置的思考题，看完他布置的书。像这些书，不但要认真地看，还要谈得出自己所受的启发，压力一直很大。

但无论如何，我还是撑下来了，所研究的"犹太人的东亚迁徙史"，也比在哈佛时的日本课题进行得更有成效。

我第一次进剑桥校园，是 2012 年 11 月 9 日早上。

应剑桥商学院 MBA 主任赛门·勒蒙特教授的邀请，我来演讲。在哈佛访学结束后，我本来计划去伦敦政经学院学习。但那次车一进剑桥校园，我即刻感受到震撼。与其说我是震撼于那些古老、庄严的建筑，不如说是震撼于游荡在古老校园里的精灵。这个成立于 1209 年的大学处处让我感觉到，仿佛真有一个求知的精灵在校园游荡。

那次一个朋友带我去剑桥的一个酒吧，一面墙上镶嵌了一块铜牌，上面写着："克里克和沃森在这里宣布发现 DNA 的双螺旋结构。"酒吧出去不远就是老卡文迪什实验室，1897 年，J. J. 汤姆逊在那里发现了电子。牛顿、达尔文、罗素、霍金、培根、凯恩斯、拜伦……截至 2017 年，剑桥有 116 位诺贝尔奖获得者。

第二年到剑桥生活之后，常常要骑自行车。骑着车，在一个中古世界的小镇上穿行，耳边是古老的钟声。以前，这完全是和你不相关的另一个世界，是中学课本上达尔文、牛顿生活的那个世界，三一学院、国王学院……你突然发现自己置身其中，就会生出一种不期而遇的快乐，只感觉人生这么美好。心里就在对自己说，这就是我想要的生活。

"在剑桥如沐春风。"我常常这样对别人形容。

我和好友汪建之间,有一种所谓"男人之间的竞争"。他是企业家,我也是企业家。我登上珠峰,他也登上珠峰。但他是科学家,我不是。2015年初,两年访问学者的努力得到了承认,我被授予剑桥大学彭布罗克学院院士称号。仪式举办时,我特地邀请他出席。对我而言,这是一种压力的释放。我会说,"虽然我不是科学家,但是我在剑桥也获得了院士的身份"。

但被授予院士称号,也让我感到一种强烈的不安,我觉得自己应该去做更多的事,应该分享、给予。做企业家深潜营和运动商学院,很大的动力就是从这儿来的。

还在哈佛的时候,很多中国企业家来哈佛探望。其中很多人表示很羡慕,想跟我一样有这样的学习机会,但又都表示抽不出这么长的时间。等我到剑桥之后,更是有企业家组团来看望我,要求我给他们讲讲课。我感觉,我的这一步,把很多人内心的需求唤醒了。我感受到了他们的真诚,也受到了启发。既然你们都想像我这样来学习,我是不是可以想办法帮帮你们?今天中国发展到这个阶段,到了补上这一课的时候了。

2014年,我开始尝试在剑桥办深潜营。每次一个月,学员最多不超过16名,正好两条赛艇的人数。几年来,每年春秋两期,一次一个月,已经办到了第十期。现在还在考虑是否要设计持续一年的课程。

在深潜营,一方面补文化知识,一方面补体育文化。主要的课程,除了和商业相关的之外,很重要的特色课程是划

2014年，在剑桥大学与深潜营的学员们一起听课

赛艇、学英语、吃西餐。来深潜营的学员，可以说都是成功人士，这个课程同时也会启发他们，如何重新确定自己的人生目标。

深潜营成功举办之后，我开始尝试与几所国内大学合作，创办一个运动商学院。第一个学院是与深圳大学合办的。之后还想跟更多的学校合作。

我的基本理念就是这样，为中国的企业家提供一个自我提升的机会，让脑力和体力互相促进，经受一次现代文明的洗礼。

我1951年出生，今年68岁。按常规想法，这个岁数的人，基本已经过时了。但我自己的感觉是，我现在才开始爆发。过去那么多的人生积累，终于可以融入一个更大的平台上，与更多的人进行对话，与世界对话。

2017年10月，在波士顿的那次赛艇比赛，我们组织了两支赛艇队参加。一个四人队，一个八人队，都是临时组队，都是成员结构复杂。队员中，既有国内去的企业家，也有当地赛艇俱乐部的行政官员，还有芝加哥大学的学生，而且，在比赛之前，完全没有合练过。但没想到的是，两支队伍都如有神助，取得了非常好的成绩。

在两支队伍中，我都扮演了核心角色。我做的最重要的事，就是促进大家的相互交流，而最终的目的，是让大家信任对方。

那次的经历，让我更深地认识到了国际化的经历对我个人的影响。不同文化、不同信仰的人组成的一个临时团队，如何来互相接触、了解、包容，并最后产生信任，值得一再地总结和深思。

另外，前几年万科在海外开拓国际业务，第一个项目是在美国旧金山。让我意外的是，从一开始，就顺利得让我觉得不可思议。我就明白了，是因为我在中国这样一个还不完善的市场里一直坚持现代商业社会的价值观，并且做到了，所以到成熟的、制度化的市场环境里，就觉得更加适应。

对未来，我一直持谨慎乐观态度。个人也好，企业也好，深圳也好，我们这个民族，也许都才刚刚开始。

## 第三节　关注日本

**索尼时代的接触**

少年时代，我曾经被一个问题所困扰：面对西方资本主义列强的炮舰政策和西方现代文明的冲击，中日两国大致在同一时期开始了自上而下的现代化变革，当时的日本成功了，而中国失败了，为什么？

创业之后，当我有机会与日本企业进行业务往来、去日本访问，我更慢慢意识到，日本是一个很重要的关注对象。

过去我的经营、管理理念一直是"拿来主义"，积极学习西方。但我也了解到，西方主流文化圈以外的国家，想要在现代化进程中取得成功非常难。在西方主流文化圈以外，能够解决两种文化的冲突、学习西方最成功的榜样就是日本，而且日本与中国一样，属于东亚的儒家文明圈。

有了这样的认识之后，我把日本设定为重点学习对象。这种学习，从20世纪80年代初，一直持续到今天，让我受益良多。

可以说，并不是因为我个人对日本特别偏好，才这么努力地学习日本。仅从生活方式的适应度上，我更喜欢纽约。当代日本对我来说，是一个比较欣赏的邻居。

反观日本，以他们的学界为例，对古代中国到当代中国进行大量研究，卷帙浩繁，把主观情绪和政治纷争放到一边，先研究问题。有这样的精神，有这样的研究，不管是睦邻友好，还是敌对状态，都做到"知己知彼"，显然更有建设性，对本民族也更有利。

改革开放之后，中国经历过一个学习外来文化的井喷期，学美国、学欧洲、学日本，从我们开始的这几代人，都经历过这样一个如饥似渴地学习外来文化的阶段。但今天的中国社会，还有这样的学习热情吗？好像现在我们已经可以了，不需要学习了。但真的不需要了吗？

对我自己来说，80年代我那种如饥似渴地学习状态，持续到今天，没有任何改变。

我这一代人是看电影《地雷战》《地道战》长大的。小时候，对日本的印象非常不好。从中日甲午海战，到在中国境内发生的日俄战争，再到"二战"，这些历史都让我觉得日本民族侵略成性。加上我姥姥家又是在东北，她经历过伪满洲国时期，对日本人的痛恨之情，也深深感染了我。

但在痛恨的同时，又会产生这样的一个疑惑，为什么一个历史上长期向中国学习的国家，后来反而能欺负中国？为什么那时候的中国这么软弱？

17岁参军之后，我对日本的认识又多了些角度。当时，我观看了内部放映的《啊，海军》《山本五十六》等电影。部队放映的目的，是批判日本复活军国主义。但通过影片我直观地感受到，在"二战"期间，很多日本人，包括很多上层人士，在对战争的态度上同军部的当权派是有分歧的；战争期间，老百姓同样也是受害者。

另外，《啊，海军》这部电影，讲的是两个军人的故事。同一个村庄里的一个富人子弟和一个穷人子弟，一个当陆军，一个当海军。通过两人的成长，反映日本在"二战"期间的扩张过程。但从这部电影中，我又会发现，日本社会的状况和我原本的认知有很大的差异，至少在日本的农村，富人家的孩子是可以和穷人家的孩子交朋友的。而当时所受的教育让我以为，在1949年之前，地主家的小孩和穷人家的小孩基本是不相往来的，何况日本。

也是六七十年代，我从新闻纪录片和《参考消息》中看到，中日友好往来逐渐密切，比如只要有日本访问团，周恩来总理都会接见，这个印象非常深刻。另外记得最清楚的，是中国乒乓球队访问日本的纪录片，先进的新干线、繁华的东京、美丽的田园风光……日本的现代、时尚让我非常惊讶，我开始了解到了一个不同的日本。

一方面是带给我们国家的灾难，一方面是发达的现代化，改革开放之前，日本在这两方面给我的印象都非常深刻。

改革开放之后，特别是邓小平访日之后，中日关系迎来了一个非常好的时期，像《追捕》《排球女将》等日本电影、电视剧，在国内掀起了一轮热潮，商业往来也快速增多。改革开放的氛围下，向日本学习经济发展的先进经验成为共识。

1977年我大学毕业分配到广东，之后接触到了很多日本的产品。记得刚到广州不久，我岳父获得平反，补了工资，就买了一台17英寸的日立彩电；我到外经委后，单位又买了辆五十铃的摩托车……这些在当时还是很稀有、功能又很强大的产品，让我对日本的发达有了更直观的认识。同时，因为常看《参考消息》，也了解到因为当时日本对美国的贸易顺差大，两国有很频繁的贸易摩擦；另外，也了解到工业发达的日本当时有着很严重的环境问题，像尤金·史密斯拍水俣病的那张著名照片《智子入浴》，曾给我很深的印象。

1984年，万科创立的最初，是以进口摄录像设备为主要业务，同时也引进电脑、复印机等办公设备。摄像机、录像机不只有日本的产品，还有飞利浦等欧美品牌的产品，但竞争力比较强的，民用就是松下、JVC，专业的就是索尼。索尼的产

## 第三章 学　习

品比欧美的贵，但质量确实是最好的。

当时中国刚开始电化教学，各个省电视台、市电视台也都刚刚成立，需要设备，所以采购量相当大。一直到1988年股份制改造之前，万科的赢利业务一直集中在摄录像设备的进口业务上。经过四年的发展，成为日本专业摄录像设备在中国大陆最大的销售商，企业的净资产达到1300多万元。

1986年，受索尼的邀请，我第一次访问日本，那也是我第一次出国。

到了东京，一下飞机，就有一种意外的亲切感。到今天都还记得，下了飞机找洗手间，看到了"御手洗"三个汉字，心里还想，是不是给皇家准备的？总之，路标、指示牌、招牌上到处可见的汉字，让人觉得很亲切。到了市区之后，又看到，一方面是现代化的高楼大厦，一方面也有很多狭窄的小胡同，密密麻麻的电线杆、蜘蛛网一样的电线，街上的行人长相和中国人也没什么差别，如果不说话，都感觉不到是在国外。从某种角度，甚至比我第一次去香港时的感觉都要更亲切。我第一次去香港时很不适应，一方面他们都讲广东话，而且那时候香港人一看你是大陆来的，明显有一种瞧不起人的神态。

那次在日本的行程，首先是去索尼公司考察交流。我们参观了索尼的旗舰工厂，叫厚木工厂。当时看到了很多还没有向市场推出的新产品，其中的新一代电视机，就是现在的平板电视，那时候就已经实验出来了。索尼的人告诉我，这是计划在十年之后推出的产品。

索尼安排的行程结束之后，我又额外地增加了十天的私人行程。那时候刚创业，对成功现代化的日本保持着强烈的好奇心，想深入地了解日本。

十天的私人行程中，除了东京，我还去了京都、奈良等地。在一位朋友的引介下，我见到了几位学者、艺术家、国会议员，进行了深入的交流，并去寺院、浮世绘博物馆等地方参观访问。之后又去了名古屋附近的丰田市，参观丰田公司的汽车生产线。

而在这些行程之中，给我留下最深刻印象的，是在一家精神病院访问的经历。去访问精神病院，是我主动提出来的，因为我觉得如果想了解日本社会，精神病院是一个很好的途径，可以很直接地看到一些社会问题。在那家精神病院，院长秘书对我说，当时的日本经济处于非常快速的增长状态，这给人带来了非常大的精神压力，人们的精神疾病也日趋严重。当时的泡沫经济还没有破裂，各行各业都非常繁荣，但这一切是不可持续的。院长秘书说这番话时，显得忧心忡忡，他的这种忧患意识，触动了我。

从经营企业的角度，那时候我对什么是现代企业已经有了基本的认知。索尼、松下、丰田这些企业当时已经很有名，关于他们的书也很多。同时，以索尼为例，因为地理位置的关系，我们和索尼当时的北京事务所接触很少，但跟索尼在香港的亚洲区总部已经有了很频繁的往来。在打交道的过程中，也对他们的做事方式有了一些了解。所以第一次的日本之行,并非一次现代企业意识的启蒙之旅,但有了这一趟的亲身感受之后,可以说,我办一个优秀企业的想法更坚定了。

有一个细节我一直记得。在东京期间,有一天早上我出宾馆时,看到附近的路边,一个工人在换一块马路边的压边石。访问了一整天回来之后,我惊讶地发现,他居然还在修,我就非常受触动,这哪里是修,这是在搞雕刻。这种认真的态度,给我留下了非常深刻的印象。

当时索尼、松下、丰田等品牌的那些明星产品,就是今天被我们广泛传播的"工匠精神"的产物,这也是让我下定决心要向他们学习的重要原因之一。事实上,在我的推动下,万科内部设立的第一个标杆企业就是索尼。而实际上,后来我们还学到了"工匠精神"之外更多的东西。

最典型的,就是万科在深圳建立索尼维修站的经历。一开始,我甚至以为质量好的产品是不需要维修的;后来,我又意识到,由万科在深圳建立一个索尼维修站,可以促进销售业务;但当我们向香港索尼提出申请之后,却受到了很大的质疑。沟通中,我发现,索尼最看重的是维修能力。索尼方的态度是,如果无法找到合格的维修人员,就无法为使用索尼设备的客户提供精专的服务;得不到精专服务对客户将是一种损失,是索尼的售后服务理念所不允许的。索尼的要求是,维修站必须有两名在索尼培训一年的电器维修工程师。

在这样的要求下,我们在选送工程师接受索尼一年期培训的同时,从广东电视台挖了两名索尼认可的工程师。这样,才建成了深圳索尼设备维修站。这次经历对我有很深的启发,我第一次感受到了什么是售后服务。索尼始终从客户的利益考虑问题、对客户负责的鲜明态度,是索尼口碑好的原因所在。原来,我只知道索尼的设备技术含量高,质量一流,现在才体会到:在一流设备的后面,还有一个精益求精的售后服务体系。

两年之后,万科进入房地产业。那时我们还不大懂什么是物业管理,但因为受到了索尼的售后服务意识的影响,万科成立了深圳第一家业主管理委员会,并制定了服务业主的管理章程。之后,物业管理成为万科的一大竞争优势,并一直延续到今天。

在万科以索尼为标杆的80年代,索尼的随身听产品在世界上几乎横扫天下,取得了巨大的成功。所以在我心目中,万科将来也应该创造这样的一个品牌。

"二战"之后,日本诞生了一批跨国企业,索尼是其中之一。它也是从一个小作坊开始做起的。我当时就想,如果我们认真学习日本,不断努力,也应该可以做到。当然我也很清楚,那不是一代人所能完成的,可能需要两代人、三代人乃至更长的时间。

因为业务转型,万科跟索尼的业务往来,1990年之后就基本停止了。现在回想80年代跟索尼打交道的经历,那时候,我能跟对方打上交道的,最高也就是个课长,相当于我们的科长,所以也不可能了解到更深入的东西。

第三章 学 习

打过交道的人中，既有很亲和、友好的，也有很傲慢的。

印象最深的，1987 年在一次业务谈判中，索尼方代表近藤不但在谈判桌上抽烟斗，抽完之后，居然还把烟斗拆开，漫不经心地通起了烟油。而他谈判时表现出的那种专横的态度，很自然地就让我联想到抗战电影里的日本兵。后来才知道，他是官家子弟，他父亲曾经当过法务大臣，可能因此而养成了一些不好的脾气。但他生意上的逻辑还是挺清楚的，后来熟悉之后，他也不再那么傲慢了。与索尼结束业务关系之后，有一次去日本访问，知道他病了，我还专门去探望过他。

另外，很有意思的是，2009 年，我还在万科总部接待过曾任索尼 CEO 的出井伸之。那时他已离开索尼了。我就跟他讲，在他当 CEO 的时候，我是怎么把索尼当成万科的第一个学习标杆。他非常高兴，也非常感慨，一个本来是做索尼设备的经销商，现在成为中国最大的房地产开发商。

万科进入房地产业后，90 年代初与日本九州一家叫微笑堂的华人公司在天津合作过酒店项目。虽然项目效益不够理想，但万科对日本的定期考察访问是从那时开始的，对城市规划、地产开发、建筑质量等方面进行了全方位的了解。

90 年代，我去日本的次数逐渐增多。自 1994 年起，公司每年都会安排去日本进行商务活动或考察。而且，每次完成公务之后，我都会额外安排几天自己的行程。

1995 年，为了深入了解日本，我与几个朋友一起，以日本南部九州的熊本为起点，驾车北行，经濑户大桥、明石大桥穿越四国、本州，再乘火车穿越青函隧道抵北海道，贯穿了整个日本列岛。

当时的第一段行程经过了连接本州和四国的濑户大桥。桥横跨海上五个岛屿，由三座悬索桥、两座斜拉桥、一座桁架桥连贯而成，全长13.1公里，跨海部分约9.4公里，绵延长达37.3公里，建设耗时九年，是世界桥梁史上的空前杰作。大桥的一侧有座小型博物馆，馆中一张不起眼的手绘草图引起了我的关注。这是100多年前，一位日本工程师构思的大桥草图——我不由得想到，同一时期处在清末的中国工匠又在构思建造什么呢？

同时，很容易了解到，日本不仅经济发达，而且百姓富足、吏治良好、教育优秀、环境优美、人均寿命高，是一个典型的后工业社会。穿越日本列岛的旅行中，竟看不到交警的身影，而人人自觉遵守交通规则。无论大城市还是偏远山村，都能感受到人们彬彬有礼、整洁干净。我感到当时的日本在很多方面都比中国发达得多，对中国的现代化更有了一分紧迫感。

**亿元千人的学习**

从我个人的角度，第一次感受到商业文明的魅力，是从索尼、松下的那些品质精良的产品开始的。所以去深圳从商之后，我就想从事制造业。我想搞摄录像器材的生产、电子业，等等。但在很多行业，都存在特许经营制度，进不去。

为顺应国家主张散件组装的进口政策，万科早期也曾经和索尼、JVC、松下合作，做过摄录像器材的散件组装，但国家的产业政策是向大型企业倾斜的，不支持万科这样的贸易公司做大。

选择房地产开发，对我而言是一种不得已的选择。建房子，按传统概念，是粗放型的产品。而万科作为房地产开发商，最早的强项是营销，在产品制造上并不擅长。这样的状态，和索尼这样的标杆企业相比，存在着差距。

但 90 年代中后期，当我在日本深入了解了住宅产业化这个概念之后，意识到了改变的机会。我开始在万科推动建筑研究，产生了以技术、产品取胜的愿景。

我最早接触住宅产业化，是 1993 年。那一年，万科发行 B 股，承销团里有一家日本的山一证券公司。同年，山一证券为我们安排了一次了解日本房地产业的行程。那一趟，我们访问了大成、鹿岛等几家大房地产开发公司，也去了几家建筑公司。去建筑公司参观的时候，对方就有提及住宅产业化这个概念，但住宅产业化具体什么样，不清楚。

1997 年左右，为了系统地了解住宅产业化。我们又专程去了一趟日本，去考察在住宅产业化方面领先的公司。那一次考察的是积水、大河这两家公司，后来又考察了三泽公司，还有日本最大的建筑公司大成建设。

住宅产业化，简单地说就是像造汽车那样造房子。按尽可

90年代初,万科在深圳体育馆举办的"万科90"演唱会外景

2014年,米兰世博会万科馆
这是继2010年上海世博会后的第二座万科馆(路透社,来源:视觉中国)

能多的比例在工厂制造预制件，然后到建筑工地去组装。

而我们在这次考察中发现，这几家公司选择了不同的做法。

积水和大河做的是轻钢结构；三泽做的是复合材料结构，以木材为主，再混合一些带有环保概念的材料，比如将用不上的木材打成粉末之后，与废旧塑料一起，加工成一种复合材料；大成做的是PC结构，也就是钢筋混凝土预制件结构。

前面两种，技术非常完善，在工厂生产预制件，到现场三天左右就能组装完毕，但问题是都不适合盖高层建筑。大成建设以做大建筑为主，住宅做得很少。当时大成用PC结构做的，大多是最多三层的独栋住宅。而PC结构越高越划算。所以当时的考察对象中，可以直接借鉴的不多。

但是基本来讲，日本中型以上的公司，只要是做高层的钢筋混凝土住宅的，都在用PC结构。我们如果要走住宅产业化这条路，最现实的也是做PC结构，这在日本完全可以找到学习对象。


那次考察中，我发现大河公司有一个研究房地产的研究所，这启发了我。回来后，1999年，在我的提议下，公司组建了万科建筑研究中心（简称建研中心）。但成立时，有很多争议。大家主要质疑的是，一家房地产公司是否有必要成立自己的技术研发部门？

而在1999年的中国，住宅产业化显得还很遥远。虽然成立了建研中心，但坦白地说，最初几年我也没想清楚该怎么做。

从规划上，建研中心似乎什么都想做：为设计和施工做辅助性的技术支持，比如高层防渗漏技术、渗水地砖、复合式厨房、人工湿地等；设立了隔音研究室、防噪音研究室、防火研究室等；同时，也建立了集团的材料和部品战略采购平台……但更多时候，因为建研中心的办公地点当时就在万科总部楼下，展示、宣传的作用似乎更突出。比如有一个展示区，设计了孕妇在厨房操作的场景，把一个袋子捆在参观者的肚子上，让其感受孕妇在厨房操作的方便度；或在参观者的小腿上绑上铅块，让其感受行动不便的老年人在住宅里走动时的情形……总的来说，形式大于内容，离住宅产业化还很远。

直到2004年，我感受到了产业升级的迫切需要，才下定决心在万科推进住宅产业化。我请张纪文担任万科分管产品线的副总经理，让他承担起推进住宅产业化的重任。

他做的第一个工作，就是先向公司内外的相关人员把住宅产业化这个概念说清楚。建研中心做了一段住宅产业化的视频，结合实景和动画，形象地说明了工业化的技术特征。部品在厂房内生产，工程机械在住宅项目现场吊装部品……快进镜头中可以直观地看到，一天就可以搭出一层住宅。片子在集团季度例会上播放时，一线公司总经理们最后忍不住站起来，以便看得更清楚一些。

之后，我又请媒体和公司外的其他一些朋友看了这部片子，大家也都很感兴趣。当时，国内的同行都还没有开始搞住宅产业化，万科是第一家。但张纪文当时还有顾虑，来找我说，现在什么东西都还没有做出来，就引起了媒体的关注，采访时我们怎么回答人家？我说我的想法很简单，这是新生事物，引起了关注，我们的事情才好往前推进。

之后，万科在东莞松花湖买了一大块地，把建研中心搬了过去，在新址开始建住宅产业化的实验楼。2005年10月，一号实验楼动工，四个月后竣工。我去参观时发现，这栋楼的工业化程度太高，可操作性不强。但通过建造一号楼，奠定了万科工业化的技术基础。

必须要说的是，在全世界范围，都没有开发商主动研究和推进住宅产业化的。日本住宅产业化的发展路径可追溯到20世纪60年代末。在日本，住宅产业化是由建筑商和部品供应商来共同推动的。在新加坡和香港特别行政区是由政府主导、建筑公司来实施的。欧洲及美国的做法，也都近似。

而在我形成了推动住宅产业化变革的想法时，中国没有一家建筑公司或部品供应商愿意率先应用住宅产业化技术，因为仅仅万科一家的需求，远远达不到技术应用的规模效益。对他们而言，桥梁、高速公路等大型公共建设更简单，规模更大，赢利也更容易。同时，中国劳动力的数量和成本，与欧美和日本的情况也不同。工业化意味着减少劳动力需求，这一点政府是不支持的。

但对我来说，推进住宅产业化是为了解决实际问题，是产业升级的迫切需要。当时的中国房地产业，建筑质量和管理水平都处于十分粗放的阶段。到 2003 年底，万科已在全国 15 个城市进行住宅项目开发，如果按照传统的现场浇筑方式，控制工艺品质依然是一个难题。屋面、门窗、外墙的瑕疵和渗漏，虽然不构成结构安全问题，但总是问题不断。要系统性解决问题，标准化、工业化是必然选择。而且，工业化能提升经营规模。1999 年，万科的资产规模是 40 亿元，在中国上市房地产企业中排名第一。而香港地产老大新鸿基，同期的资产规模是 1800 亿港币。

万科是行业的领跑者。虽然对住宅产业化我心里没太大把握，不过有一点很清楚，做不成功顶多撤回来，万科不至于伤筋动骨。但若不去试，就不知道成不成。

正好是在那段时间，发生了一个故事。

2005 年，万科在上海建了一个叫蚂蚁工房的项目，用的是清水混凝土工艺，得到了很多专家和同行的好评，认为是国内做得最好的。那时，我的一位日本朋友楠敬介先生正好来上海出差，我就请他去参观。他当时还在东京建屋担任会长，是内行人。

陪同他参观时，我很希望这个项目能得到他的表扬。但他看完之后，一句话都没说。晚餐时，我就主动引话题，说我们非常强调质量，不会为了成本、利润和数量而牺牲质量。他说，这些都是最基本的啊，这个都做不到还做什么企业？我才明白，日本人是非常非常客气，他不表扬就是批评。

事后我才了解到，中国的民用建筑，误差是以厘米计的，而日本是用毫米计的。我才更清楚地知道了我们与日本同行的差距。

这个故事，我给公司管理层的人讲过。也是在那段时间，管理层提出了一个大规模向日本学习的"千人亿"计划。具体讲，就是用一亿人民币的预算，派出1000位工程师到日本工地学习，希望用几年甚至十几年的时间，追赶上日本建筑施工质量的平均水平，最大程度改善结构精度，避免墙体开裂等质量通病，把万科住宅的建筑误差从厘米级提升到毫米级，实现从成本型向技术型转变。

这个计划迅速得到了实施，我们每年派100多名工程师去日本学习，五六年时间即可完成。这个计划主要是由成田建设来承接的，大成建设也接待了一部分。

在学习过程中，我们发现，质量不仅仅是工程师的问题，还有管理层面的问题，于是第二年又开始了第二个"千人亿"计划，把经理分期分批送到日本学习；到了第三年，因为我们意识到，质量文化除了技术和管理，还有一个服务理念，又开始第三个"千人亿"计划，把物业管理的人分期分批送到日本学习。

万科本身没有建筑公司，但当我们的员工学习回来，与我们合作的建筑公司意识到了我们的改变，后来也加入了这个"千人亿"计划。

连着几个"千人亿"计划,在万科形成了一次不动声色的文化更新。更令我高兴的是,这个计划不是我提出来的,而是管理层推动的。

在这之前,学习日本更多的是我的个人行为。从创业开始,我越来越确定地意识到了日本的现代化进程对于万科、对于我个人的借鉴意义,我愿意尽可能地去接触、去吸收。但要把个人行为转换成公司行为、企业文化,却并不容易,即便我是创始人和董事长的身份。

1996年左右,我带着一个十多人的团队,去日本考察高层住宅项目。一起去的,是全权负责房地产的集团常务副总,还有他的团队。考察完之后,我问他们有没有兴趣陪我去兵库看看姬路城?姬路城是日本的五大古城堡之一。他们答应了,十多人坐了几个小时的火车,赶到了姬路城。没想到的是,到了售票处,副总突然说他腿疼,不进去了。另外十多人都是他的团队,一看领导不进去,也都不敢进去。结果,只剩下另外一个不是他团队的付志强,加上我,我们两个人进去匆匆地看了一个多小时。

实际上,考察高层住宅时,看得出他们都如饥似渴,希望尽可能多地吸收新知识,对新技术尤其感兴趣。但一到与工作并非直接相关的建筑文化层面的考察,就不喜欢。我再着急,再觉得这么宝贵的学习机会浪费了很可惜,也不能把个人的意志强加给他们。

而这一次,在住宅产业化的契机下,整个公司能形成一种集体意识,决定以一系列"千人亿"计划系统地向日本同行学习先进经验,确实让我很高兴。

我记得那时万科的管理层分成两派,欧美派和日本派,着眼点在于学习企业管理应该以谁为师,长期持不同意见。但这次向日本学习住宅产业化,却绕开了这种分歧,是技术上的选择。原因很简单,我们需要的,是做高层的PC结构的住宅,这方面,日本最普及,也最先进。欧美的住宅产业化则是以钢结构见长,PC结构做得很少。所以,是工法决定了我们的学习方向。

可以说,这几轮大规模的学习,为万科后来的发展打下了牢固的基础。

2007年9月,上海万科新里程项目的工业化住宅建成,部品化率30%,成为中国第一栋用工业化方法建成的商品住宅楼。同年,万科建研中心成为国家住宅产业化基地。

从那之后,我每次去万科的各个分公司,都只参观住宅产业化的工地,通过这个态度,敦促各个公司推进住宅产业化,但最初的几年,进展速度并不快。一直到2013年,我去佛山的一个项目参观时,才感受到了真正的改变。按正常流程,看一个住宅产业化的项目,会听两方面的介绍,一方是万科的项目经理,另一方是负责施工的合作伙伴。那一次,我第一次感受到,无论是项目经理,还是合作方,都非常兴奋,两眼放光地介绍,目前做到了什么水平、对他们意味着什么、质量、效率等,我就知道住宅产业化不用再硬推了,也不用到哪个分公司都非得参观工地了。

万科在住宅产业化上尝到甜头,正是从2013年开始的。那一年,万科在佛山、南京、深圳、沈阳等地的分公司都有工业化项目完成,其中最突出的佛山万科的五个项目,100%采用装配内墙,100%无抹灰,部品化率接近日本同行,建造误差也从厘米级降到毫米级。到2017年,万科新开工业化项目面积3306.3万平方米,占开工项目总面积的84.03%。

从整个行业来看,2009年北京、上海、昆明等城市开始补贴工业化住宅,住宅产业化才受到同行的重视。发展到今天,很多城市都规定,只有住宅产业化的项目才能被批准建设。住宅产业化一下子成了大势所趋,成为全行业都必须走的一条路。原因很简单,这种规模化、集约化、工业化的建筑方式,能有效降低能源与资源消耗,减少大量的建筑垃圾、污水、工地扬尘,降低施工噪音。在这种形势下,万科的优势一下子体现出来了,并直接带来了效益。

有的大公司要搞住宅产业化,人力资源跟不上,还会成建制地从万科挖人。

现在,万科的住宅产业化进入了2.0阶段,在SI分离(主体与内装)的原则下,用全干法施工作业,将工业化方式从主体扩展到了内装修。在产业化的前提下,同时还在推广BIM的应用,也就是建筑信息程序模式。

我开始关注住宅产业化是1993年,系统了解是1999年,正式推动是 2004 年，国家开始政策性补贴是 2009 年，可以说，万科占得了至少五年的先机。

同时，经历了 2004 年以来这十多年的发展，跟日本同行比，可以说差距大大缩小了，但差距并没有消失。日本同行的人员素质、施工水平仍处在领先的位置；同时，一个行业的水平，和整个社会的发展阶段是联系在一起的，这种差距不是一个企业可以改变的。所以，日本仍然有很多东西值得继续学习。

2013 年，我还看到过一个"每百万平方米施工死亡率"的数据：万科 2008 年是 1.11 人，2012 年是 0.48 人。同时，全国 2012 年的数据是 2.52 人。应该说，住宅产业化是事故率降低的重要原因之一。另外，万科 2012 年的建筑工人死亡人数是 20 人，而截止到 2012 年，日本的前田公司已八年没有死亡事故。

**一对一的深入交流**

接触日本这么多年，有几位良师益友式的人物，让我受益很多。

1992 年左右，建筑设计师付志强离开万科，出国学习。学成之后，他在日本从事建筑设计工作，一待就是二十多年。

虽然当时跟他接触不多，但对他印象很深。他提出辞职时，我用带薪学习的方式挽留过他，但他没有接受。离职前的头一天，他还在工地干活，非常敬业。之后，我曾几度邀请他回万科。

可能因为打过这些交道，后来我去日本访问时，他帮了我很多，且一直持续至今。他待得越久，对日本了解得越深入，也就能分享越多的见解给我。而且，他是业内人士，在我与日本同行之间起到了难得的桥梁作用。比如日本著名建筑师槙文彦老先生的女婿和付志强同属于东京青年建筑师的圈子，有了这层关系，和槙老先生沟通起来就顺畅得多。

可以说，过去这些年在我对日本的了解方面，付志强是对我影响最大的人之一。

90年代，我还认识了一位亦师亦友的朋友，就是东京建物的南敬介会长。

他是广岛人，1938年出生，是广岛原子弹爆炸的幸存者。他毕业于日本名校一桥大学经济学专业，早年从事金融业，位置到富士银行高管。在日本泡沫经济破裂之后，代表银行接管了东京建物公司。

他对中国有一种特别的亲近感，这一部分缘自东京建物的一段历史。东京建物株式会社成立于1900年，1906年在天津开立分公司，主营房屋租赁业务。经过几十年的经营，东京建物在当地已经积累了不错的市场口碑，当时的政府甚至将其所在的街道命名为"建物大街"。1945年日本战败之后，天津分公司被迫撤离回国。撤离过程中，不但没有被中国人找麻烦，反而得到了很多帮助。感恩于这段历史，东京建物一直有一种中国情结，南会长接任时，前任会长还特别向他提到过这一点。

南会长曾对我说，1945年战败后，日本400万侨民撤离中国，中国国民政府下令和平遣返，友好对待。战胜国的这一仁义姿态，使童年时期曾遭受广岛原子弹爆炸之害的南会长无限感慨，"日本人应该感恩此事"。

我跟他认识时，感受到了不同于其他日本企业家的亲切感，可能就有这方面的原因。之后二十多年，我们一直保持着很好的关系。

自2010年起，每次去日本，我都会找他进行一次深入的谈话，以更好地了解日本。谈话时，常常是就某一个主题，比如日本的商业文化、中日关系等，进行深入的交流。每次我都非常受启发。

2005年10月，万科在上海与东京建物、大成建设签约，三方合资开发上海的一个项目。东京建物也在时隔60年后再次在中国开展业务。南会长年轻时和当年天津分公司最后一任总经理见过面，非常了解1945年战败撤离的那段故事。这次到中国，他专门去了一趟天津的"建物大街"，还向天津政府申请拿了一块当年的旧路牌做纪念。

南会长曾几次对我说，第一次见到你，就觉得我们都是直截了当的人，心里不存任何芥蒂，就像好朋友一样。这也是我对南会长的感觉，一见如故，尽管他比我年长十多岁。

他第一次送给我的小礼物是一双折叠筷子。他对我说，自己携带筷子，减少一次性筷子的浪费，环保。在东京如果掏出这么一双筷子，大家会羡慕你的。

几年之前，我和万科的同事一起到日本琦玉参加赛艇比赛。南会长邀请大家在赛前去吃一家著名的鳗鱼饭馆，非常奇怪的是，他给每人点了两份。同事们认为这是南会长盛情款待，不好意思剩下，都硬撑着把两份吃完了。后来才知道，南会长的意思是吃一份，打包一份。"赛后会很累，你们可以及时补充热量。"

这么多年，我们的交流没有中断过。后来他得了脑中风，耳朵慢慢听不见了，交流越来越困难，只能先由他的助手把我的话写在纸上，他看过之后，再回答，助手再翻译给我听。即使这样，我们仍坚持定期见面，而且每次见面双方都很珍惜。甚至有些问题他不是很了解，就会说留在下一次见面时再回答，他会为此专门做准备，非常非常真诚。

2016年，我的良师益友南敬介先生去世了。我被邀请参加在东京举办的追思会。追思会的形式很特别，是一个回顾他一生历程的图片展。非常意外而感动的是，这个图片展的最后一张照片，是南先生和我的合影，是在他中风之后我们的一次笔谈中拍的。

在南先生去世前，我从未见过他的夫人。参加追思会见过面后，我提出去他家里看看。他们家在镰仓，在他夫人的提议下，我们先去圆觉寺的墓园扫了墓。去家里拜访之后，又在镰仓海边悬崖旁的一个老餐厅吃了个饭。

那次拜访，让我对南会长有了更多的了解，其中有两个细节印象最深。圆觉寺的墓园在半山坡上，天晴时那里能看到富士山。而南会长的墓地选在了一进墓园地势最矮的地方，是为了体恤夫人，让她每次来祭拜的时候少上几步台阶；另一个细节，是南会长夫人在吃饭时提起的，她说这家餐厅对面的小岛，是南会长生前最爱去的地方，而且暴风雨越大他越喜欢去……南会长和我，有很多性格相似的地方。在他脑中风之后，行动都已经不方便了，还在坚持学中文。我请他到万科演讲时，他还坚持用中文来念演讲稿……从智识上，从为人上，我从南会长那里都学到了很多。

对我影响最大的日本人中，还有一位是安藤忠雄先生。

万科1988年进入房地产业，但很长时间，我对房地产业、对建筑设计都没有太多感觉，直到2002年10月底的一次日本之行，让我有了改变。

那次是在访问了一家电梯公司之后，安排的一次安藤建筑之旅。我们参观了安藤忠雄主持规划、设计的神户临海综合开发区、兵库县立美术馆、淡路岛梦舞台等建筑，而其中给我印象最深的，是濑户内海直岛上的南寺。

那个建筑物形似一座没有窗户的谷仓，从一个小门通过一条狭窄的通道进入后，即刻伸手不见五指。进去后，我本能地双臂张开，摸索着往前挪步，黑暗中能听到大家呼叫同伴的声音。进去之前，有人提醒我，体验的过程需要 15 分钟。但在黑暗中摸索了十分钟后，我就有些意兴阑珊，转身摸索着墙壁返回进口处，看到进口处透进的光线，就想走出去。但此时，一位工作人员非常坚定地建议我返回。我返回到黑暗中，逆时针再走第二圈时，听到同事说看到我了。我正纳闷为何自己什么都看不见时，朦朦胧胧，眼前似乎有层雾气消散了，周围的人影慢慢显现，就像梦幻中晃动的魅影。充满飘动雾气的房间轮廓也渐渐显了出来。那种感觉太奇妙了，我反而成了最后一个走出房间的游客。

事后了解，才知道这是他与美国艺术家詹姆斯·特瑞尔合作设计的项目，詹姆斯·特瑞尔擅于利用光线做创作材料，是当代最著名的艺术家之一。南寺这个项目，是建筑师和艺术家之间，通过"空间"这种介质对话的产物。原理很简单：黑暗中，瞳孔会慢慢放大，捕捉微弱的光影，而失去耐心的我则不给瞳孔适应的时间。光明与黑暗在互换，这种转换的感受则需要静心和耐住寂寞。

还是这次考察，安藤先生在东京代官山设计的一个购物中心也给我留下了非常深的印象。他巧妙地利用了一块异形地，以赖特设计的纽约古根海姆博物馆式的不间断回廊结构，设计出了一条有着多彩生活的典型的日本商业街。

他其他有代表性的作品，我也很喜欢，第一次的安藤之旅，激发了我对建筑的兴趣，那种影响是不可替代的。之后，我再去世界各地考察时，建筑和城市成了我学习的主要内容。还聘请大学、著名设计师事务所的专业团队为万科非建筑专业学历的管理人员开办建筑史系列讲座。

在考察世界城市建筑发展脉络时，参观了很多世界著名建筑。特意安排过的建筑之旅，涉及的建筑大师有瑞士的科布西耶，日本的安藤忠雄，美国的赖特、路易斯康、里布斯金、弗兰盖瑞、贝聿铭，英国的扎哈·哈迪德，西班牙的高迪、卡拉特拉瓦，巴西的尼迈耶，荷兰的库哈斯，中国的王澍。向这些在世不在世的建筑艺术大师致敬！

这些大师中，我比较熟悉的是日本的安藤先生。

第一次和安藤先生打交道，是通过槙文彦先生介绍的。我们想请他为杭州万科良渚文化村设计文化中心，专门去了一趟他在大阪的设计事务所。那是2010年左右的事。

他的设计事务所有四层楼，每一层面积非常小，风格非常简洁，但利用率非常高，没有任何多余的地方。比如整个墙面完全都是书架，包括楼梯的转口，都是书，更像一个专门的建筑图书馆。

而且没想到的是，他为人简单、爽快，做就做，不做就不做。说起话来，也没有任何表演的成分，不会故弄玄虚。

比如说他在大阪设计的一个项目，在一个地价非常贵的地段，土地又不规则，那个项目的亮点，就是楼顶上设计了一座玻璃教堂。我就问他，你怎么有这么一个创意？他说，这么贵的地方，设计时得考虑商业价值，不能浪费空间。但如果只从商业角度考虑，那这个建筑还有什么特点呢？没有特点。那怎么办呢？这个建筑很丑，没办法。你得有个说法，玻璃教堂就是个说法。

他设计六甲集合住宅，做完前两期之后，他想做第三期。但开发商神户制钢以那块地已有住宅为由，拒绝了他重新设计建造的提议。安藤也不管，自己设计好了图纸，再去找开发商，也被拒绝了，这件事就被搁置了。没想到的是，1995年的"阪神大地震"之后，开发商主动找上门来，请他做第三期。但开发商能给的地不够理想，在一个问题地块上，住着当地最大的一个黑社会头目。安藤说，既然这样，我自己去找他谈吧。敬重安藤先生的黑社会老大爽快地搬走了，没惹任何麻烦。

安藤先生的经历很特别。他1941年出生，西兵库县人，自幼家庭贫苦，没有受过正规高等教育，只读过工业设计学校。毕业之后靠买建筑书籍自学，同时当了两年拳击手，靠打拳挣钱。挣到钱之后，他就去欧洲考察建筑。因为缺少关系，考察一个建筑作品，他往往要比别人费更多精力。但正是因为这样的经历，相对一般建筑师，他对建筑有更深刻的理解。从欧洲回来后，他开办了自己的设计事务所，但以他这样的资历，当时没有人肯找他设计，起步很不容易。比如他一看哪里有一块空地，知道了业主是谁，就自己先设计一个图样，再去找业主推销，就是这么一步一步做起来的。再比如说，他让自己成为世界上第一个能把清水混凝土做出丝绸质感的人,这就是他的态度和能力。

他和槙文彦先生都得过普利兹克建筑奖。而槙文彦先生的路径完全不同,大学是东京大学建筑系,师从丹下健三,之后又到克伦布鲁克美术学院和哈佛大学留学,在华盛顿大学和哈佛做助教,然后才回东京开立自己的设计事务所。

安藤先生走的是野路子,但成了传奇。这很容易让我想起改革开放之初,在深圳创业的那批人。大家大多不是科班出身,但创造了很多奇迹。

而且,他做过拳击手,我登过山。我们之间很容易产生心理共鸣。

过去这七八年,我们平均一年左右就会见一次面。而实际上,良渚文化中心之后,这几年我们没有合作新的项目,见面就是为了交流。

2012年是中日邦交正常化40周年,安藤先生那一年去了上海,在梅赛德斯-奔驰文化中心举办了一场个人演讲会,一万多个座位,几乎座无虚席。当时的中日关系比较紧张,双方政府都做冷处理,没有什么纪念活动。而安藤先生没有因为这种冷处理,就放弃此事。他个人非常看重中日友好,很愿意为此做点什么。而那场演讲会他请了两位嘉宾,一个是姚明,一个是我,我们也都如期参加。演讲会办得很成功。

我和安藤先生的交流,常常是围绕他的作品展开的。两次见面之间，我常常会去看一些没看过的安藤作品，有了现场感受，下次见面再跟他聊。或者在聊天时他提到什么特别的作品，我紧跟着就会去看。近几年，可能与我在几所大学研究的宗教课题有关，我对他的宗教主题的作品特别关注，比如大阪的"光之教堂"、札幌的"大头佛"等等。作为一个房地产业的从业者，当我接触到安藤先生的作品特别是宗教主题的作品时，会思考一些平时不常触及的问题，如建筑理想、建筑与生死等等。从他的作品中，我能看到一种在其他地方很少见到的豁达的生死观，而这一点，可能是他最吸引我的地方。

在对日本的认识上面，还有一位老先生对我帮助很大，他就是《邓小平时代》的作者傅高义（Ezra F. Vogel）教授。在哈佛访学的第二阶段，我选择"江户时代日本工商阶层的社会地位"这个题目进行研究。一般来说，中日两国现代化进程的最初转折，会重点关注明治维新和洋务运动，分析明治天皇和慈禧太后的政治理念和施政能力，关注中日甲午战争的影响，而我想再往前追溯一下，重点看看在江户时代，日本为之后的现代化变革做了哪些准备。做这个课题时，我得到了傅高义教授的指导。

傅教授出生于1930年，曾是哈佛东亚研究所的第二任主任，被认为是一位对中日两国事务都精通的优秀学者。

1958年，傅高义携妻儿到日本东京，研究日本社会的家庭和精神健康问题，在那里生活、工作了两年多后，写成了《日本的新中产阶级》一书，该书成为日本人重新认识自身社会的经典著作。

1979年，他又出版了《日本第一：对美国的启示》一书，伴随着日本经济的崛起，这本书成为当时美国非小说类的第一畅销书，他也成为日本研究领域最著名的专家之一。

而当日本进入连续的经济停滞和衰退期后，2000年，傅高义又出版了《日本仍是第一吗？》一书，继续讨论日本问题。

去哈佛学习之后，我是在米勒家的聚会中第一次见到他的。之后就约定去他家拜访，为我的课题做指导。

我第一次去他家拜访时，就得到了明确的指点。在我陈述了课题研究的相关情况后，傅高义教授表示，他对我选择江户时代来考察日本向现代社会转型的情况，是赞成的，但他又提醒三点：整个江户时代涉及的层面非常广泛，学术上考虑，越窄越容易进入；慎重研究之前已经有定论的课题，也许在整理论据时会得出不同的结论；中日同时期的比较尤其要慎重，"文化比较很诱惑人，但需要花费很多功夫，也不一定有结果"。他说，他是同时研究日本和中国的，但却没有做过日中之间的社会学比较课题。这些提醒，帮我少走了很多弯路。

从第一次去日本开始，我就拒绝了游客式的观光和蜻蜓点水式的访问。课题式的研究,权威学者的指点,能帮助我更有效地了解日本。我是企业家,并非学者,感兴趣的是与企业和自身相关的问题。今天,通过这样的方式,我对日本的了解仍在继续进行。

第四章

# 角 色

我的改变：个人的现代化40年

## 第四章 角 色

一个人如何看待自己在社会中所扮演的角色，会对他的处事方式产生明显的影响。

对我个人而言，一方面，经历了对商人身份的认识过程；另一方面，又经历了作为公众人物的反思过程。

中国传统社会发展出的是一种畸形的商业文化，这影响了社会对商人的认知。在我年轻时，商人的社会地位很低，所以从商很多年之后，我都不愿接受自己商人的身份。

正是在这种压力下，我推动万科建立起企业的价值系统，用公开宣布不行贿、高于25%的利润不做、增加透明度等旗帜鲜明的做法，来改变自己的处境。进一步让我改变对商人身份看法的，是有了对商人与社会关系更深的认识之后，我开始积极参与中城联盟、阿拉善联盟、壹基金等社会组织的创立和运行，并主动参与环保事业，创立环保机构 C-TEAM，在联合国气候变化大会等国际事务中贡献一己之力。

从公众人物的角度，我既经历过首登珠峰时的鲜花和掌声，也经历过"捐款门"的千夫所指。在这些经历中，我又完成了一个告别个人英雄主义的过程。

上述经历，是一个商人心理成熟的过程。这源自我对于"商人精神"长期的甚至是不无痛苦的思考。出于对自身命运的关切，我希望知道，在今天的中国，什么样的商人才能称为现代商人？我们应该追求什么样的商人精神？

## 第一节　不能走胡雪岩的路

**曾不接受商人身份**

小时候，相对于"商"而言，我对"官"更熟悉。

我的小学最初是在北京小学上的，就在故宫后面，每天都是坐一种三轮车改装的儿童车去上学。我父母是机关大楼里的中层干部，家在普通的筒子楼里面。有时候我去同学家玩，就很惊讶，觉得生活条件差距很明显。同学家里，地毯、电话、沙发，很大的客厅。后来才知道，很多同学的父母都是部级或更高级别的干部。

八岁搬到郑州之后，我家住在干部大院里，条件比在北京好多了。邻居都是什么书记、局长、副局长、政委、总工会主席之类，这些官职听着很熟悉，其实脑子里并没有这个概念，父母在家里也从来不谈公事。同学们在一起玩耍的时候，也不会因为家长的官大官小而有什么区别。我们当时的玩伴中，一个老工程师的小孩最有能力，就成了孩子王。而一个"一把手"局长的小孩，因为特窝囊，最被其他孩子瞧不起。

真正对干部的级别有概念，还是到部队之后，才知道班长、排长、连长、营长等职务的区别，才知道我父母他们大概是个什么级别。

也是在部队，第一次对政治有了点概念。虽然是部队，实际上没办法脱离地方社会。"文革"开始后，新疆分两派，一派支持王恩茂,一派支持武光。部队也开始纷纷站队。我们开车碰到,如果你按喇叭,是"叭叭-叭叭"这四下,意思就是"打倒武光",说明你是站在王恩茂这边的;"叭叭-叭叭叭"五下,意思就是"打倒王恩茂",说明你是站在武光这边的。但令人困惑的是,这些所谓派别并不确定,空军支持的左派,陆军却认为是右派;或者今天是左派的,明天又成了右派,就像翻烧饼一样。

后来在兰州铁道学院之所以会自学政治经济学,是因为这种困惑没解决。我明白今后的生活不可能脱离政治,学政治经济学,是力求从另外一个角度来认识社会。

去部队参军,本来是想成为一名职业军人,但三个月的新兵连生活,就知道自己的性格不大适合。后来去广东省外经委,当机关干部,我也曾经想一步一步上。后来才发现,因为个性,我的处境跟当兵时差不多。而且,一辈子怎么样,也看到头了。离开广州去深圳,实际上就是放弃从政这条路了。

小时候我有过很多幻想,想做外科医生,做侦探、水手或者探险家,但从来没幻想过成为一个商人。我的家庭没有这个背景,当时的社会中,商人的地位也不是很高。那时候看过的书里面,商人都是唯利是图、斤斤计较的形象,像《威尼斯商人》《欧也妮·葛朗台》等,所以对资本家、暴发户的形象非常反感。

当时去深圳创业,内心里其实是当作临时性的跳板,计划两三年之后就出国留学的。留学也不是为了之后当商人。后来虽然一年一年做了下来,也没有放弃留学的希望,因为并不想做一辈子商人。

但当事业逐渐上了轨道之后,既然已经是商人了,我也希望能找到一些榜样。最开始找到的是周而复的小说《上海的早晨》,写的是1949年前后民族资本家的故事,但作者对民族资本家基本是持批判态度,认为是投机、机会主义,让我很失望。后来做房地产,这个行业又总是和"贪婪""暴利""驱逐市民""破坏城市记忆"联系在一起,这与我的自我期许相去甚远。

80年代末期,我在书店找到了一套高阳的《红顶商人胡雪岩》。一开始真是读得如饥似渴,觉得胡雪岩太能干了,太会察言观色了,太会处理人情世故了,还没读完就去书店买来送人。但等到把这套书读完,我才发现,胡雪岩和浙江巡抚王有龄、闽浙总督左宗棠是典型的官商、军商勾结,所编织的生意网支撑着胡雪岩的商业帝国。

这套书在内地出版之后,民营企业家基本上都对他推崇备至。但我不这么看:胡雪岩和左宗棠、王有龄等人表面上称兄道弟,但实际上,地位是不可能平等的,公开行贿,连小老婆都互换,命运是不由自己控制的。他本身是一个中间商,从地方收购土丝卖给洋行,洋行再出口。当他需要和洋行对抗时,想到的方法是囤积居奇,但最后失败了,洋行转而向使用洋机器的日本进货。在他身上，看不到现代企业家的精神。我们今天不能再走这条道了。

但对胡雪岩，我有两点比较欣赏：

第一，他做了一个胡庆余堂，瘟疫时赈灾，给穷人看病，有钱之后尽了一点社会责任。胡雪岩创立的钱庄早就烟消云散了，胡庆余堂现在还在。

第二，胡雪岩这个商人，在破产之后，选择的处理方式是吞金自杀，用生命来承担责任。

这两点，今天的企业家们不一定做得到。

**不行贿**

走不走胡雪岩的老路，对一个经商者而言，所面临的问题很具体。但我刚去深圳时，还没有这个意识。

1983 年，我刚开始做饲料生意时，运输问题成了瓶颈。为了申请两个计划外火车皮指标，我交代一个员工花 20 元买了两条三五牌香烟，给笋岗北站管货运的姚主任送礼。但礼物没送出去，我只得自己又去了一趟。

为了获得商业上的某种好处给对方送礼，那是第一次。

实际上，那一趟我批到了车皮，但礼物最终却没有送出去。姚主任说，以前在货场，常常看到一个城里人模样的年轻人同民工一起卸玉米，不像是犯错误的惩罚，也不像包工头，觉得这位年轻人想干一番事业，很想帮忙。没想到自己找上门来了。

那一次的经历,让我很感动,也很受触动。

我来深圳,是因为觉得我的抱负、我的才干施展不出来;是因为觉得在平均主义的体制下,受压抑,得不到尊严。而如果我的生活要长期以行贿来换取利益,就没有获得尊严的可能性。那一次,让我想通了经营企业的底线:不行贿。

1988年前后,公司准备上市前,内部有过关于规范化的讨论。因为搞股份制改造,想把香港的上市公司规范条例引进来。在那之前,内部管理没有这么明晰过。

内部讨论,当然不是直接讨论行贿不行贿的问题,是讨论一些违规、灰色的行为是不是真的不能碰,行贿也包括在其中。那我想,既然引进了条例,我们就要遵守。

一些高管就说,这样不是等于把我们自己的手脚捆住了?整个社会现在都是这种情况,都不遵守,我们来遵守,那我们不是要失去竞争力了?

我跟他们讲,我宁愿失去竞争力。

我们最初靠贸易起家,在开放之初的深圳,搞贸易往往需要搞关系、倒批文,钻政策和法律的空子。但这不是长久之计,公司要发展,成就一番事业,就不能再走老路。

同时,选择以不行贿为底线,一定要看中国未来的商业环境是行贿大行其道,还是说行贿这种风气只是一个过渡期的现象。我认为它只是一个过渡期的现象。如果这样,你现在行贿可能是一种选择,但未来你肯定会被淘汰掉。不行贿的人,现在做得很辛苦,但将来企业会发展得非常好。如果这个社会不像我们所预见的那样,逐步地完善、规范起来,那我宁肯把公司关掉。这样的思想准备,当时都做好了。

在顾问公司香港新鸿基证券的指导下,公司反复酌协,经过 17 次修改,招股通函最终定稿。

以不行贿为底线的万科,确实遇到过很多阻力。

有一个公司,和万科同年进入房地产业,办公室离万科只有五分钟距离。一次股份制研讨会,休息时间我碰到了那家公司的老总。我的年纪比他大,他见面都叫我大哥,一方面显得对我很客气,另一方面又直接拿出一张统计表,说你看我现在这么多项目,做不过来,你来挑一个?我估计了一个大概的比例,他们拿的土地量跟我们相比,10∶1。那时候,主要是协议拿地。

当然我不能证明他行贿了,但非常明确地看到了他们拿地的能力。比如我们谈得差不多了,只要他介入,那块地就是他的。我当时心里很不平衡,团队也不平衡。能不能坚持下去,曾经是个非常严重的疑问。后来的事实证明,虽然你不平衡,但坚持往下走,还是有出路的。

1992 年的上海万科城市花园一路之隔,是另一家公司拿的东边的好地块,我们拿的是西边飞机航线下的差地块,拿地成本还几乎是它的一倍。但结果,我们的项目不但做完了,还扩大了近八百亩。在持续不断的飞机噪音下,到现在入住率仍是90%。

万科早年拿不到市中心的优质地块，只能以较高价格在比较偏远的城郊地带搞开发，被人调侃是"城乡接合部开发商"。但正是这种不利的态势，迫使万科加倍努力，建立了优秀的设计队伍和营销队伍，认真钻研市场，提供更好的产品，配套更好的服务。最终，起点上的不利条件，反而使万科在专业化方面走在了行业前面。

当时因为憋在深圳，不可能胜过对手，才寻求跨地域经营。进行得比较早，实质上也成了万科后来得到大发展的原因之一。

不行贿作为一条底线，很多人认为不可能。有的人认为可能，但很难。万科30多年的历史证明，不行贿是可行的。至于说"难"，过程确实很难，但不像想象中的那么难。

实际上，在大部分城市，万科和所在地政府的相关部门，关系都不错。

每个人的心中，都既有魔鬼的一面，也有天使的一面。如果假定他人都是魔鬼，自己就会展现出魔鬼的一面；假定他人是天使，自己就会尽力展现天使的一面。我们与人相处，还是应该尽量激发他的天使，抑制他的魔鬼。

政府官员也是一样。有的人也许会情不自禁地做权钱交易，但他同时也会有对情操、荣誉的追求。万科坚持不行贿的时间长了之后，反而成了一个招牌，产品好，服务好，不会在项目上出什么乱子，给政府添麻烦。这种情况下，你不行贿，他也愿意帮你。尤其是这几年"打老虎""拍苍蝇",官员更愿意有不受贿的名声。

虽然我为官的朋友不多,但互相欣赏的还是有一些。也有过我认识的、为万科大开绿灯的官员出事的。刚听说也会不相信,但人性很复杂,都有两面性。他跟你在一起展示这一面,和别人在一起,又会展示另一面。

2012年初,媒体报道了我以前家庭的背景。大家说,难怪他不行贿,他创业时岳父就是广东省委的大领导,当然不用行贿。

有这样的看法,不奇怪,但与事实不符。如果我是靠特权来攻城略地,为什么拿的不但是郊区的地,价格又比别人贵很多?而且,大家知道我岳父的事情是2012年,那之前绝大多数人是不知道这层关系的。

我岳父是南下干部,一直在广东的政法系统工作。"文革"中受到了迫害,被批斗,下农村,之后再回来。回来工作后,他非常受拥戴。同时,他为官廉洁,对子女的约束很严格,对我也不例外。

而且,他非常开明,尊重年轻人的选择,从来不会强求别人什么。他有三个女儿,对女儿、女婿都是这样。我很感念的是,我决定去深圳创业时,他很支持。他当时是省里领导班子的一员,因为管政法系统,如何划定与香港的边界,处理和香港的关系,他都是直接介入的,所以对经济特区的情况很了解。我到深圳之后，肯定潜移默化受他的影响。岳父的背景，对我的创业是有正面影响还是中立的？毫无疑问是正面的。同样是一个创业者，相对从农村、从普通家庭来的，显然我有非常大的优势。但什么都是双刃剑，在占据优势的同时，我也需要付出比别人更多的努力。

20世纪90年代，万科还成了企业界少有的向社会公开宣布不行贿的公司。1992年邓小平南方谈话之后，万科的业务急剧扩张，进驻了全国很多城市。新干部多了控制不了，必须从严治理。所以1994年左右，我第一次向社会公开宣布了万科不行贿的底线。公开提，主要是说给一线公司的老总听的，希望通过公开说的方式，告诫他们。同时，也是向各个分公司所在地的政府部门表明态度。

但公开提出后，很多人都不相信。近十年后，2003年10月，我在云南弥勒参加一个企业家论坛，探讨企业伦理话题。我在发言中介绍，万科奉行诚信守法的经营原则，绝不行贿。随后的发言者是一位一向以直言坦率著称的民营企业家，他说："王石先生不行贿，我很佩服。但那只是个案，因为在中国不行贿，一事无成，比如说我自己就行贿。"

我说完，下面没有掌声。他说完，台下300多位听众报以热烈掌声。

发言者开始提问："请问在座的各位企业家，谁敢说你们没行过贿？没有行贿的请举手。"在座的企业家你看我，我看你，最后总共只有五六位举手，举手的姿势也都有些迟疑。

几年之后，我受黄铁鹰教授邀请，到北大光华管理学院MBA班做讲座，课上我谈到了这次论坛上的感受。黄教授说："我们做个现场调查吧，相信万科不行贿的同学请举手！"结果举手的不超过1/3。

实际上，从2002年到2015年，黄铁鹰连续13年在自己的课上问大家：相信王石不行贿的请举手，并且现场录像，结果表示，举手表示相信万科不行贿的人数从未超过1/2。

实践中，不行贿的自我约束对万科意味着什么呢？

2001年，沈阳市原市长慕绥新、原常务副市长马向东等人的受贿、贪污、挪用公款、巨额财产来源不明受到查处，总涉案人员达100多人。其中的重灾区就是房地产，几乎沈阳所有大房地产公司的负责人都被调查，其中也包括万科沈阳分公司的总经理周卫军。

他被关起来调查了19天，出来了，什么事都没有。之后新上任的市长陈政高，把万科当成正面典型，到处表扬。

十多年之后，成都又出现了类似的受贿大案，万科成都公司的总经理刘军被两次"约谈"，检察机关把他所有的情况都查了一遍，最后证明都没有问题。

万科进入房地产业整整30年了，在这么多城市发展业务，免不了会有市长或者主管房地产的副市长出问题，而万科在各地又都是至少排前三名的公司，却从没有受过牵连。

到了今天，政府坚决地反贪污、反贿赂，万科的态度逐渐占据了主流的位置。2016年10月，国际标准化组织发布了ISO37001反贿赂管理体系国际标准。这是一个国际标准化的反贿赂准则，无论是上市公司、私营公司或非营利组织，无论何种规模何种性质，只要存在潜在的腐败贿赂问题，都适用。

深圳是中国ISO37001的试点城市。2017年，深圳市纪委委托深圳市标准技术研究院，开展反贿赂管理体系深圳标准起草工作，就选取了万科等深圳企业作为定点联系企业，为组织建立、实施、维护和改进反贿赂管理体系提供指南。据深圳市纪委有关负责人介绍，万科的有效做法被纳入了反贿赂管理体系深圳标准之中。2017年6月正式发布《反贿赂管理体系》深圳标准"的时候，发布会还专门邀请我出席。

万科的不行贿，在国际社会也得到了明确的肯定。

2010年4月，哈佛大学中国基金执行主任在北京的晚宴上口头邀请我访学之后，迟迟没有消息。后来才知道，在哈佛内部讨论会上，对为什么邀请一位中国企业家做访问学者有很大争议，他们一时无法决定。同年7月，校方又在香港安排了一次会面，来与我见面的是哈佛亚洲研究中心主任凯博文教授。当我谈到万科的经营理念，"不行贿"是经营底线，得到了凯博文教授的高度认可，他当场就说，哈佛欢迎你，来吧！

2010年以来，我陆续收到香港科技大学商学院、北大光华管理学院、北大国家发展研究院的授课邀请。我在这些学校开的课程，也都是企业伦理。

后来，哈佛商学院将万科的案例编写进哈佛的授课案例库，肯尼迪政府学院邀请我去讲课，都有出于对"不行贿"的企业伦理的认可。很有意思的是，深圳大梅沙的万科总部第一次举办国际研讨会，就是哈佛亚洲中心举办的"亚洲企业伦理研讨会"。

我慢慢意识到，不行贿是一个国际通行证。一个不行贿的中国企业家，在国际上很容易让大家耳目一新。我在全世界去过这么多地方，美国、欧洲，去大学也好，NGO、政府组织也好，当我谈到万科的不行贿，总是会有非常热烈的掌声。

2016年10月，媒体一下曝出了两条万科行贿的新闻。唐山一个，青岛一个。新闻曝出时，正在"万宝之争"的敏感时期。有人问我，是否意外？甚至问我，是否会因此感到痛苦？

实际上，我不意外，但很难过和痛苦。

不意外，是因为我能接受不完美。一个以不行贿为企业文化的公司，出现了一两单行贿的事实，不代表我是在说一套做一套，也不代表我们的政策是假的。

不能说，一个健康的身体就从来不犯病，而一犯病就说他的身体全面不健康。万科的品牌形象当中，一个很重要的名声就是万科的物业管理好。但实际上，万科的物业每天都会收到投诉。我们还专门设有一个公开投诉论坛。遇到了问题，我们敢于公开，敢于面对，而且尽力去解决。今天解决不了，明天就接着解决，负责到底。在不行贿这个问题上，我们的态度是一样的。

问题的关键之一，是公司制定了什么样的制度，是鼓励行贿还是持禁止的态度。事实上，不行贿是我个人人生的底线，也是万科企业文化的底线，它是作为一种制度而存在的。很多公司有两本账，万科只有一本账，公司财务上根本就不设这项开支。如果说有员工拿自己的钱去行贿，概率很小，因为成本太高。这个行业，行贿金额从几百万元到几千万元的案例，都发生过。

问题的关键之二，在于这种现象是否占主流。一个企业就相当于一个小社会，这个社会当中，是不正之风非常盛行，还是正气占主流。现实里，企业发展到五万人，出现这样的嫌疑或者事实，是没法避免的。实际上在过去30年，多少会发生一些。但这不是公司的安排，而是小团体在利益驱使下的违规，甚至犯法。有统计过，万科创立34年，出现行贿和受贿案件的，加上1995年上海万科工程部集体受贿案的五个人，一共是十个人。

问题的关键之三，在于问题出现之后，你是什么态度。是掩饰，还是正视现实并尽可能地避免今后再发生？这两个案件出现后，确实会产生信任危机。万科的态度，首先是不掩饰；其次被曝光之后，如果觉得这是正确的批评，我们会研究如何来吸取教训，尽量减少这样的事情发生，但不是说杜绝它不发生，因为杜绝是不太可能的。

另外,在"万宝之争"的敏感时期,出现的任何事情都会被十倍、百倍地放大。这种情况下,我们不会因此而抱怨。问题就是问题,错误就是错误,该承担责任就承担责任,但没有因此而动摇我们的企业文化。

记得2009年6月,《南方周末》"中国梦践行者"活动的典礼上,组织方为我准备了三个标签:企业家、登山家、不行贿。我选择了"不行贿"这个标签。而直到2018年1月23日,在北京水立方的个人演讲上,我仍然在向深圳笋岗北站的姚主任致以谢意。35年前,姚主任拒绝我的礼品时,我做出以"不行贿"为经营底线的决定时,我们都没有读过马斯洛需求层次理论。但实际上,我们都选择了"尊重",这个相对于"生存"和"安全"层次更高的精神需求。

除了公开宣布不行贿,90年代初我还有一个经营理念让同行们印象深刻,那就是超过25%的利润不做。

1992年末,深圳国土局主办了一次房地产沙龙。作为万科代表,我在发言时明确告诉与会者:"万科超过25%的利润不做。"台下一片哗然。

我解释说,现在只要手中有一块地,半年还没开发,地价就涨了一倍。低于40%的利润不做的说法由此而来。但这并不正常。万科做贸易出身,80年代进口录像机,做过利润高达200%的生意。因为是暴利,许多公司都一拥而上,都来进口录像机,很快就供过于求,录像机降价,结果,利润率一路掉到100%、20%、8%，再到2%和无利可图。

当利润率掉到20%时，团队已经完全不知道怎么做事了。因为在暴利阶段，销售快，货未到，款已付，几乎零库存。销售变慢之后，就有了库存，就会占用资金，还要支付库存费、人工费。同时，习惯于用大量银行贷款换取外汇，而人民币贷款利息远高于外汇存款利息。在暴利阶段，不在乎这个利差，但到了微利阶段，又是一笔很大的成本。更何况之后利润率还一路下滑，直到亏本销售。

万科从1984年开始进口摄录像设备，到1993年结束这项业务时，我曾经请财务算过账。这项业务从开始到结束，总账竟然是亏损的。怎么暴利赚来的，最后都怎么吐回去了。

在那次房地产沙龙上，我说，现在房地产的火爆和当时情况何其相似？如果任由下去，一旦市场逆转，利润空间变窄，大家都会无计可施。

但与会的国土局官员、开发商、新闻记者并不明白我在说什么。他们也许在想，哪有不愿多赚钱的开发商？

1993年上半年，地价继续上涨，钢铁、水泥、木材价格翻番。建筑劳务费一涨再涨。但很快，中央针对股市和房市的泡沫进行调控挤压，三大建材的价格应声而落，房地产价格迅速下降，开发商普遍叫苦不迭。听到宏观调控的消息，我从心底由衷地赞成，因为这才是长远之计。

1997年底，朱镕基总理赴深圳进行企业调研。在一次调研会上，我讲了1993年的这个情况，并介绍说，1993年到1997年，万科的住宅开发规模以平均70%的速度上升。我说："对于宏观调控，万科100%举手赞成。至今为止，我还没听到第二位企业家说'赞成宏观调控'。"朱总理回答说："绝无仅有！"

世界上没有无缘无故的暴利。供应商、企业、消费者和其他社会公众，构成了一个完整的利益链条。这个利益链条此消彼长，如果一方获得了超额的利润，则必然意味着另外某方的利益受到损害。一个负责任的企业，应该追求公平回报而不是暴利，以彻底避免在有意无意中造成损害从而最终祸及自己。

万科进入房地产业早期，我在合肥同国土局签订了1000亩的购地合同，三个星期后，国土局有意牵线让万科让出500亩，补偿金1500万元。但我想了想，决定一分钱不要，免费把500亩土地让出去。我当时的想法很简单，收了这钱，公司就会出现新的神话：老板多有眼光，没动一分钱就赚了1500万元。职员们都会钻牛角尖去寻找能倒手赚大钱的地皮，这样的话，谁还有心思好好设计房子、建房子？谁还有心思做好后期精致的服务？

在市场中，你永远可以期待，也永远只能得到公平的回报。一个企业，只要以公平的心态对待股东、客户、员工和伙伴，你自然也能从他们那里获得同样公平的对待。做企业如此，做人也是如此。

## 第二节　商人与社会

**50岁才接受商人身份**

1999年，48岁的我辞去总经理之时，还面临着很多精神上的困惑。

对我而言，那是不同寻常的一年。经历了16年的创业生活后，万科已成为房地产业上市公司中的第一名；1998年的亚洲金融危机又让我有了前所未有的危机感；为了给新的总经理和他的团队留出成长的空间，我有意识地疏远，开始频繁地登雪山；从中城联盟开始，我的一部分时间和精力放在了万科之外，开始从事各种社会活动。

回想起来，之后的那几年我实际在解决一个自己的问题：是不是要一辈子做企业？而内心更深的疑问是："商人对社会有价值吗？价值是什么？"

从商之后，第一次扭转我对商人的"暴发户""唯利是图"等不良印象的，是日本企业的产品。1984年万科开始进口日本的摄录像器材，我接触到索尼、松下等公司对产品和售后服务的态度后，对它们产生了发自内心的尊重。

后来有一次，我自己的一台在日本购买的数码相机不小心被海浪浸湿，返回日本原厂维修。得到的反馈是，维修费和新买一台的价格差不多。我决定买一台新的，但日本厂家的维修师傅却建议我修，说每台机器都有它自己的生命。相机坏了，就好比一个人生病，你治好它，生命就得以延续。当然也可以重新买一台，但那是另一个生命了。

我立刻同意修。他们视产品如生命的姿态和精神，深深震撼了我。

1992年邓小平南方谈话之前的那段时间，人们有一种改革会中断的担心，不知道经济特区会往哪边走。之后越来越明确了，就是搞市场经济。之后，我又看到中国改革大潮中，商人阶层扮演的角色变得略微重要。而我所做的这些事，不管喜不喜欢，确实是在中国社会发展进程中扮演了这样的角色。

1998年末，我和胡葆森、冯仑在亚布力滑雪。当时我已决定辞去总经理的职务，他们两人也知道。他们就给我提议，意思是你辞去总经理之后有大把时间，能不能成立一个行业组织，把万科的经验带到其他的企业当中。这是中城联盟（中国城市房地产开发商策略联盟）的源起。

1999年12月2日，中城联盟正式成立。实际上，这个联盟所联合起来的，是一些市场化、规范化、对自己有要求的房地产公司。当时房地产业发展很快，有很多不正之风。成立这个组织，有几个目的：第一，提出要做有良心的发展商，自我规范；第二，提出要互助，因为很多企业在发展中遇到困难，比如需要贷款的时候贷不到；第三，提出联合互补，比如一个项目比较大，一家做不下来，就大家联手一起做。

对我和万科来说，当时是抱着为社会做贡献的态度来参与的。我是第一任轮值主席，当时《万科》周刊的主编单小海是中城联盟的第一任秘书长。

半年后，我们在上海发起了"新住宅运动"论坛，除了开发商联盟，参会的还有张永和等著名建筑师、茅于轼、汪丁丁等各界学者，建设部房地产司司长谢家瑾等官员，超过100名记者，可以说盛况空前。有媒体评价说，这是中国房地产行业第一次发出了市场化宣言，也是中国商人群体争取自身地位的一次尝试。

在那次的论坛上，冯仑和北大光华管理学院副院长张维迎有一次著名的隔空对话。张维迎教授令人意外地开火："中国的开发商90%是骗子，其中30%是大骗，30%是小骗，30%是在不自觉地骗。"冯仑提出质疑："为什么IT企业烧钱是高科技的高尚行为，而房地产商的赚钱举动就是奸商？"

我当然不认同张维迎教授的极端说法，虽然他也对我说，万科属于那个10%。实际上，他不仅对房地产商，对整个商人群体都没有什么好看法。这是一种很有代表性的态度，也在某种程度上反映了企业家群体的现实处境。而我，一个内心对商人身份有所疑惑的企业家，在为改变这种境况而挣扎。

民营企业家的社会地位不高，如果经营出了状况，其困难处境可想而知。这么多年，似乎成了习惯。那几年，我常常去探监，看望因经营出了问题而锒铛入狱的企业家。第一个去看的是南德集团的牟其中，后来又陆续看望了玉溪红塔褚时健、德隆系唐万兴、东星集团兰世立。耐人寻味的是，探望牟其中时，是当时的湖北首富兰世立陪同；多年后，同一座监狱，我又前往探视了身陷囹圄的兰世立。

那时候，我和这些企业家都没有生意往来，也不是私交很深的关系。想去看，用"物伤其类，兔死狐悲"来形容是准确的，实际上就是身份的认同。既然是同类，在他们出了问题、处于逆境时，我关心这些企业家不也就是在关心自己吗？你怎么知道你不会经营出问题呢？再说，即使犯了案子锒铛入狱，服刑后也可以重整旗鼓再出发。有远大志向的人，苦难经历是笔宝贵的财富。

这其中，最让我振奋的，是褚时健厂长。我第一次去云南哀牢山的橙园去拜访他，是2002年。他当时74岁，刚开始重新创业，兴致勃勃地给我描述六年之后挂果的情况。十年之后，创建的褚橙就像当年打造的红塔卷烟一样闻名遐迩，一橙难求。消费者热捧褚橙不仅是其品质上乘，还在感受褚时健先生逆境中再创辉煌的变不可能为可能的精神！

中城联盟成立不久，一位叫卢铿的企业家会员给我写了封信，他谈到房地产在城市发展中的作用，企业家应该如何看待自己的社会地位、社会责任等等，对我触动很大。

卢铿是一家新加坡背景、在沈阳注册的企业——华新国际的董事长。我跟他聊，才发现他是民国的一位大企业家卢作孚的孙子，又因此深入了解到了卢作孚的经历。

卢作孚是搞长江航运的，抗日战争中，他倾尽自己企业的全部力量，调动整个船队，从日寇占领的江浙一带，把工厂设备、战略物资往重庆、四川的大后方运，为国家做奉献。这样的家国情怀，实际上超越了商人以牟利为主要诉求的局限性。

知道了卢作孚的故事之后，有一种心里终于有底了的感觉。觉得自己没必要妄自菲薄，不要跟胡雪岩去比，不要跟山西商人比，而应该跟卢作孚这样的商人比，这样就会觉得有希望。

2004年，我去无锡游访梅园时，参观了一座反映荣毅仁家族创业历史的小型博物馆。知道了荣宗敬、荣德生创业的故事。

令我印象最深刻的，是在上个世纪初他们对未来规划的胸怀和气魄。荣家当时向政府提出过一个叫"沪苏无"的概念，也就是把无锡、上海、苏州规划为一个城市圈，用京浦铁路连通，这和改革开放之后提的"苏锡常"经济圈何其相似。很感慨，如果不是日本帝国主义入侵中国，中国的现代化腾飞至少早半个世纪。

荣家是搞面粉、搞纺织，并不是搞房地产的，但他们按照"沪苏无"的概念，在无锡圈了一些地。在当时看，都是根本没人去的荒山野岭。现在再来看，都是"地眼"，是最好的地。参观梅园时，原来以为这是中华人民共和国成立后把荣家的私家公园充公了，或者是他们捐献出来的。听了讲解才知道，20世纪30年代建的这个梅园，一开始就是给公众建的。他们当

## 第四章 角色

时并不能说已经非常富有了，就已经有了这样的公共意识和公益行为，显然比我们这一代企业家要做得更自然、更纯粹。从这一点就能看出，我们这一代企业家，还没有达到他们那一代民族企业家的水平。在他们那一代人身上，能够看到中国优良的文化传统。

荣毅仁先生去世的时候，《中国企业家》杂志找我约稿，我写了一篇纪念文章，题目叫《梅园忆荣公》，写的大概就是这个意思。后来听说，荣家挺欣赏那篇文章的，其实是我参观梅园后的真实感受。那时候万科已经是中国最大的房地产商，但我觉得自己的认识水平还没有达到他们提出"沪苏无"的那种高度。他们是儒家文化熏陶出来的，有一种"以天下为己任"的胸怀。

看西方的资本主义史，尤其是资本主义思想史，提到工业革命中商人的角色。像福特、洛克菲勒等19世纪末崛起的那一代商人，按照现代工业模式所组织的生产，无论是炼钢、炼油、修铁路、造桥、造车等，显然都对社会进步起到了积极的推动作用。而且那一代商人创造财富之后，家族的很多钱财都用于建立慈善公益基金。像洛克菲勒基金在中国建的协和医院，至今都是最好的医院。

美国、日本的商人都经历过地位低下的阶段，但这个阶段过去之后，就赢得了尊重。不仅仅他们的产品受消费者欢迎，而且倡导了新的生活方式，企业文化也对社会也有所推动。日本"二战"之后的发展，靠的主要就是工商业者。他们成了推动社会进步的重要力量。

纽约的洛克菲勒中心门前有一座阿特拉斯的雕像。这座雕像落成于1937年，当时，企业家精神这个概念在西方也是刚刚提出不久。托起天堂的巨神阿特拉斯，是纽约企业家的自我期许——"我们就是承载美国经济与社会的巨人"。从那之后，美国社会建构起了一套有关企业家的英雄叙事，正是这种英雄叙事和道德勇气，才使得美国企业家勇于承担社会责任，积极投身到各种公益事业中去，并赢得社会尊重。

应该说，就是在那个阶段，我才接受了商人/企业家的身份，认定自己这一辈子就是做企业了。既然要做一辈子，就不能看不起它，不然怎么把它当作一辈子的事业来好好做呢？

2004年6月，我参与发起了阿拉善SEE生态协会。SEE是世界华人企业家针对北京的沙尘暴成立的一个环保NGO，因为了解到暴源之一是内蒙古阿拉善盟这个地方，在那里搞退沙还林、生物多样性保护。

中城联盟是房地产行业的互助组织，SEE则是整个华人企业圈为社会贡献力量的环保组织，可以说企业家的社会担当又推进了一步。

在SEE，会员的地域范围很广，除了内地企业家，还有一批来自中国香港、中国台湾和新加坡的企业家；而且来自不同

第四章 角 色

2016 年,出席承礼学院伦敦晚宴

的行业，尤其 IT 业，都是最早在中国办 IT 的那批人，像张朝阳、张树新等；也有搞工业环保比较早的一批人。

SEE 实行民主选举制度，同时引进了罗伯特议事规则，企业家们对议事规则从开始不适应，到后来接受和掌握，其间有争执，有妥协，最后才有共识。这个过程体现了民主的气氛和精神，对社会进步的意义重大。

继中城联盟之后，SEE 又是中国商人群体争取自身地位的一次尝试。不同的是，这次是以主动承担社会责任的方式去争取的。

**命运共同体**

2004 年我参与发起阿拉善 SEE 生态协会之后，还有一个很重要的收获，就是开始了系统地推动环保的历程。

实际上，去世界各地登山的过程中，我已经对此有了一些感性认知。2002 年 2 月，我去非洲登乞力马扎罗山。因为早年看过海明威的《乞力马扎罗的雪》，对开头的一段话印象很深："乞力马扎罗是一座海拔 5985 米的常年积雪的高山，据说是非洲最高的一座山。"所以一直很向往。但去登山时，一直到峰顶，却都没有看到雪，感到很震惊。之后，2006 年初，徒步行走南极，我的队友们还在南极点附近兴奋地把上衣脱光庆祝，南极也不是想象中那么冷。地球是否在变暖，专家们一直在争论。但作为一名户外运动爱好者，这些经历让我有了切身的感受。

在参与发起阿拉善的同一年,我在万科正式开始推行住宅产业化的实验。而住宅产业化,与环保的关系非常密切。

房地产业使用的木材,很大一部分是用于建筑工地上的木模。先扎钢筋,再搭木模,之后浇灌混凝土,混凝土干了再把木模拆掉。这种木模,只能重复使用七次,七次之后就必须销毁,所以木材消耗量很大。

按住宅产业化的方法,在工厂用的是钢模,钢模不但至少可以使用两三百次,报废后还可以回炉再加工。这种方法下,木材消耗量立刻下降了92%,只需要用到原来的8%。而且还大量节约用水、用电,节约水泥。

住宅产业化的生产、建设过程节省木材、节约能源,符合绿色建筑的要求;而绿色建筑不仅仅对生产、建设过程有要求,也要求在建成之后,在同等舒适度下,通过合理采光、保温等等措施,减少能源消耗。两者既高度统一,又是递进关系。

必须坦率地说,万科推行住宅产业化的初衷是为了提升企业竞争力,不是为了应对气候变化。后来发现推行住宅产业化能节省木材、节约能源,与绿色建筑的要求高度一致,才从不自觉到自觉,大力推行。也因此,在低碳经济时代占得了先机。

2004年发生的这两件事,参与SEE和推行住宅产业化,让我对环保的了解加深了。我原来没有深入探究过环保问题和房地产业的关系，但有了这些经历，加上登山时的感性认知，我就有了解的兴趣。一了解，才发现关系相当大。

森林捕捉、固化二氧化碳，是地球不可或缺的"肺"。但全球森林面积正在以每年730万公顷的速度消失。

进入21世纪后，全球砍伐木材的70%输入中国。输入的木材中，40%加工后再出口，60%在中国市场消费。中国市场消费的木材中，住宅房地产业是最大的消耗者。而万科，又是最大的住宅房地产商。

当我意识到这些，一下子有了紧迫感。如果不讲环保，任其发展，绿色和平组织是会来找你的。

我想，与其被动找上门，不如主动解决问题，所以2008年前后，我主动找到绿色和平组织北京办事处，希望能做点什么。对方吓了一跳，因为只有绿色和平组织出击大企业，从来没有大企业主动找上门的。

2008年7月，在绿色和平组织的安排下，我去了一趟亚马孙热带雨林。这里是地球上最大的热带雨林，有相当于美国国土大小的面积。世界上已知的一半物种都生活在亚马孙流域。然而，这里也是世界上森林消失速度最快的区域之一。

从小飞机上，我既看到了热带雨林丰富的生物多样性，也看到了被砍伐区域惨不忍睹的水土流失情况。我还从专家那里看到巴西兰多尼亚热带雨林地区相隔26年分别拍摄的两张照片，一对比就能明显看出，繁茂的雨林已经变得稀疏斑驳。

在绿色和平组织的引荐下，我结束在亚马孙雨林的访问后，又去美国华盛顿拜访了世界自然基金会美国基金（WWF-US）的总部。

WWF 的熊猫标志，在中国城市几乎家喻户晓。WWF 于 1961 年成立，是全球最大的独立性非政府环境保护组织，在 100 多个国家有机构，发起过超过 12000 个环保项目，其中保护野生老虎、海洋动物、热带雨林，控制象牙和犀牛角等项目已经深入人心。1996 年，WWF 成立北京办事处。

2008 年访问了 WWF-US 之后，我们展开了一系列的合作，如"地球一小时"、垃圾分类回收、珠峰地区环境保护、保护喜马拉雅山地区雪豹等等。

2007 年之前，绿色建筑得不到政府和主流媒体的响应。那时候的主流态度，认为西方的碳排放持续了两百多年，环境恶化他们应该承担主要责任。我们才排放了 30 年不到，应该"先发展、后环保"。西方向我们施加压力，是阴谋。因为花钱买西方的环保技术，会增加成本，影响我们的竞争力。

这时候，万科来推动住宅产业化，来推动绿色环保，大家会觉得怪怪的。

但 2007 年开始，外部环境也发生了明显的变化。

2007 年，国家建设部公布了类似美国 LEED 标准的建筑指标体系——绿色三星标准。态度非常明确，鼓励做绿色建筑。也是这一年，万科的建研中心成为国家住宅产业化基地。

2009 年,全国的住宅项目中只有万科的一个项目达到绿色三星标准。

2016 年,万科绿色建筑认证面积 2834 万平方米,其中绿色一二星 2651.2 万平方米,绿色三星 182.8 万平方米。

按照万科 2016 年工业化开工面积计算,相当于减少能耗约 14.7 万吨标准煤,减少二氧化碳排放 36.8 万吨,节水 3013.5 万立方米,节约木材 43.6 万立方米,减少垃圾排放 133.1 万吨。

在 2011 年,还感觉不到住宅产业化和绿色建筑对万科的影响。2015 年之后,可以非常明显地感觉到,住宅产业化和绿色建筑已经成为万科的重要竞争力和利润的来源。

2012 年 10 月,受哈佛商学院约瑟夫·保尔教授的邀请,我去为他协助授课。课上保尔教授用数字模型演示低碳技术的收益分析。我意外地发现,这个模型居然是当年麦肯锡为万科做住宅产业化可行性分析时使用的模型。据麦肯锡专家介绍,这个研究还为中国政府在哥本哈根会议上做出碳强度减少 45% 的承诺提供了理论支持。保尔教授的模型证明:绿色建筑虽然目前成本较高,但是从长远看是节省成本的。教授的证明,让我更加相信自己的判断是正确的。

我一直相信,中国现阶段迅速的城市化,越来越使住宅产业化成为可能,而工业化建造的住宅又将成为绿色建筑的先锋,从而极大地推动环保事业。

在中国的住宅市场上,万科的市场份额只是 2%—3%。如果仅仅自己推动环保,一枝独秀,对全国碳减排指标意义不大。所以万科不仅自己做绿色建筑,还在行业内做了很多推广工作。这更多是通过与 WWF 合作来推动的。

2011 年,WWF 和万科合作,推出全球木材绿色环保认证。推动绿色供应链的作用在于,你的木材来源是不是合法的,是不是非法砍伐的。没有环保组织给你的绿色标签,我就拒绝采购。因为你是大的生产商,你不用,对他就很有影响。

中城联盟的绿色供应链,不仅仅是规范木材来源,减少木材使用,还会促进整个上游企业的环保水平,比如炼钢厂的碳排放不达标,我们就拒绝采购。

中城联盟在房地产业所占的比例大约 10%。本身就不到 100 家,做到 100 家,已经包括非中城联盟企业了。同时,我们还希望再通过阿拉善推广,这样就不仅仅是房地产企业了。

就这样,在环保领域,我介入得越来越深。从个人认知的改变,到推动万科的住宅产业化变革,再通过中城联盟对整个房地产业产生了影响,最后,则是通过联合国气候变化大会的中国企业日、世博会、阿拉善 SEE 生态协会、中国企业家亚布力年会等组织影响到了全社会。

从个人到企业,从企业到行业,从行业到社会,经历了这样的一个递进过程。

我第一次参加联合国气候变化大会，是 2009 年底在哥本哈根召开的第 15 次缔约方会议。也与 SEE 有关。

是一个偶然的机会，让我有机会参加这个会议。在那次会议的一年前，我参加了由北京非政府组织"山水自然"保护中心组织的金沙江漂流论坛，创始人是吕植女士。那次论坛中，吕植了解到了我在环保领域的经历。

首先，作为万科董事长，从 2004 年开始我已经有了推行住宅产业化的具体经历；同时，我又有和绿色和平组织合作的经验；还有很重要的一点，从 2004 年开始，我参加阿拉善 SEE 生态协会后有了很多相关经历，包括与美国的大自然保护国际 TNC 和联合国环境署都建立了联系。

正是在吕植教授积极地倡导和组织下，应联合国环境署的邀请，中国企业家组团参加哥本哈根气候大会，三个团员分别是我、冯仑和阿拉善秘书长杨鹏。我出席会议的身份为阿拉善 SEE 生态协会、中国企业家亚布力年会、中国企业家俱乐部、中城联盟等四个中国企业家非政府组织的代表。

《联合国气候变化框架公约》（UNFCCC）是 1992 年通过的，有 189 个缔约国，是缔约国之间就气候变化问题达成的公约。第一次缔约方会议是 1995 年在柏林召开的。

1997 年，在日本京都召开的第三次缔约方会议上，当时的 149 个缔约国通过了《京都议定书》，规定从 2008 年到

2012年期间，主要工业发达国家的温室气体排放量要在1990年的基础上平均减少5.2%。

我第一次参加的那个会议，要商讨《京都议定书》一期承诺到期后的后续方案，即2012年后的全球减排协议。按照计划，这将是继《京都议定书》后又一具有划时代意义的全球气候协议书，被喻为"拯救人类的最后一次机会"。

在那次会议期间，我们召开了一个发布会，我代表两百多名中国企业家宣读了《中国企业界哥本哈根宣言》。

应该说，第一次参加联合国气候变化大会时，作为中国企业家非政府组织的代表，我们的影响力非常有限。会议期间，每天都有上百个会议同时在进行，我们的发布会只是其中一个，而且还是在租来的酒店会议室里开的。

但同时，这也是一个巨大的进步，可以说是中国经济发展到了一定的阶段才出现的新局面。实际上，我们还碰到了一支中国青年非政府组织代表团"COP15"，我几次被其新闻官逮住采访。他们充满激情、理想乐观的态度，让我感觉到了中国未来的希望。据统计，目前中国民间环保组织从业人员有22.4万人。

哥本哈根会议没有达成期望的成果，全世界都很失望。但有一点非常重要，11月26日，参会的温家宝总理代表中国第一次公开表态，宣布2020年每单位国内生产总值的碳排放量比2005年减少40%到45%。

这是一个重大转折，承诺和不承诺是完全不一样的。之前，中国的媒体上都不大提倡宣传绿色环保、低碳经济。可预见，中国政府承诺后，主流媒体一定会积极响应、呼吁碳减排行动。万科的住宅产业化推行起来就容易多了。

很巧的是，企业家三人代表团和中国政府谈判团住在同一个酒店。连续三天早餐，我都碰到了中国代表团团长、国家发改委副主任解振华。

他见到我很惊讶，问你怎么参加这样的会议？我解释说是以阿拉善SEE生态协会的会长等身份参与的，代表中国企业家发出自己的声音。他当时的态度给我的感觉是，这主要是政府间的谈判，和你们关系不是很大。你们的行为固然好，但是能起作用吗？有点将信将疑。

其中一个早上，他又问我，中国政府做出了减排承诺，要承担很大的压力，担心企业受不了，你怎么看？我说："举双手赞成！"之所以举双手赞成，是因为以大量碳排放、污染环境为代价的经济增长模式已无法持续；中国无论是从自身利益还是人类命运共同体的角度，都必须承担责任，经济也才可持续发展。改变粗放的经济增长模式充满了不确定性和风险，但不改变是没出路的。听到之后他好像松了一口气。

2010年，我率企业家代表团参加了在墨西哥坎昆举行的联合国气候变化大会。2011年，接到解振华主任打来的电话，问那一年的多哈会议我去不去。承担大国责任的中国谈判团的官员，已经越来越意识到在国与国之间的谈判博弈中，企业和民间 NGO 组织扮演着不可替代的角色。不但邀请企业家参与，还邀请万科和中国代表团在会议期间联合创建中国馆。

2013 年是个转折点。这一年的联合国气候变化大会在华沙举行。万科公益基金应发改委气候司邀请参与中国馆的规划设计与建设。作为奖励和回报，还给万科基金单独使用该馆一天时间的权利，并命名为"万科日"，来宣传环保，增加万科品牌的国际美誉度。我感觉非常良好，但建议将"万科日"改名为"中国企业日"，新的命名对参与环保事业的中国企业家会更有认同感。

首届"中国企业日"办得很成功，中国的大型国有企业、民营企业，中央政府、地方政府、国际国内 NGO 组织联手一起来发出环保宣言和行动指南。从这一年开始，"中国企业日"成为中国馆的例牌。

2014 年，北京 APEC 会议期间。美国"气候现实项目"团队特意安排我和该组织创始人、美国前副总统戈尔见面，探讨万科公益基金/C-TEAM 基金同"气候现实项目"合作环保宣传教育项目。虽然是第一次见面，但主题明确，碳减排的价值观一致，相谈甚融洽。当我得知戈尔下个月也会参加在秘鲁首都利马举办的联合国气候变化大会，就邀请这位诺奖获得者在"中国企业日"上做主题讲演。戈尔客气地回应说，会核对时间表，并未给出明确答复。但一个星期后，戈尔的团队回话，愿意参加并做主题发言。这确实是个意外的惊喜。

2014年12月，在秘鲁利马举行的联合国气候变化大会上，"中国企业日"非常成功，成为当天一百多个国家和国际NGO组织同时进行的上百个会议中最热门的会议，连发布会外的走廊上都站满了人。戈尔的到来，还成为会议期间的一个重大新闻。

当然，在如此错综复杂的联合国气候变化大会上，"中国企业日"的活动影响力还是很有限的，但可以看到，中国企业家的碳减排行动的影响力在明显增加。此届大会就2015年巴黎会议的协议草案原则上达成了一致。每个与会者都松了口气。次年将在巴黎确定的全球气候协议，将是2020年后唯一具备法律约束力的全球气候协议。利马会议就肩负着为巴黎大会"铺路"的重要使命。实际上，真正起定海神针作用的，是利马会议举行的20天之前，习近平主席和奥巴马总统在北京签订的《中美气候变化联合声明》。声明首次明确，美国计划于2025年实现在2005年基础上减排26%—28%；中国则计划在2030年达到二氧化碳排放的峰值，并计划将同年的非化石能源占一次能源消费比重提高到20%。

2009年，我和冯仑、杨鹏等三人第一次参与在哥本哈根举行的气候大会，代表了100家企业。到2013年的华沙气候大会，参与的企业增加到2000家；巴黎的气候大会举办之时，代表的中国企业跃增到了一万家。

巴黎大会举行之前，万科公益基金、C-TEAM基金团队乘

第四章 角 色

2015年，参加巴黎世界气候大会

2014年利马大会成果的东风，积极为"中国企业日"做准备。意外的是，就在巴黎大会召开前的11月13日晚，巴黎发生了一系列恐怖袭击事件，造成至少132人死亡；法国进入紧急状态。显然，这一事件给即将召开的巴黎大会投下了阴影。计划参与代表团的企业家人数很快减少了1/3。但就在坚持参加此次会议的中国企业家们抵达巴黎的第二天，中国企业家赛艇队仍按原计划在塞纳河上举行了比赛。

在这次会议上，习近平主席重申了中国此前做出的承诺，并同时承诺，中国将于2030年左右使二氧化碳排放达到峰值并争取尽早实现：2030年单位国内生产总值的二氧化碳排放比2005年下降60%—65%，非化石能源占一次能源消费比重达到20%左右，森林蓄积量比2005年增加45亿立方米左右。

2018年，美国在总统特朗普的主导下，退出了巴黎协议。但这种态度，并没有引起美国所有州的共鸣。2018年秋，加州州长杰里·布朗和前纽约市长布隆伯格在旧金山发起了一个世界性的论坛，我在那个论坛上，了解到了他们提出的"美国仍然在"（We are still in）的口号，美国的一些州政府和市政府，表明了他们将仍然遵守巴黎协议的态度。

在旧金山的论坛上，我还参加了一个特别的活动，题为"冰与煤"的摄影展，摄影师大卫·布理谢斯（David Breashears）在记录珠峰冰川融化的同时，还广泛搜集整理未曾面世的冰川老照片档案，和他新拍摄的照片形成对比，展现人类对环境的影响。大卫不仅是摄影师，还是电影导演，曾为拍摄照片和电影四次登上珠峰。1998 年他所拍摄的 Imax 电影《珠峰》(*Everest*) 已经成为登山电影中的经典。

我第一次知道大卫，是 2010 年。当时是我第二次登珠峰，在尼泊尔的珠峰大本营，我发现有一个摄影展，就很好奇地去看了一下。当时展出的，就是他的"冰与煤"系列作品。我看完之后，还叫同行的几个队友又去看了一遍。

没想到的是，几个月后，我去哈佛上学。美国亚洲协会为了一个主题展览，安排我和他见面。聊天时他说他在珠峰做了个展览，但没什么人看。我才意识到那是他的展览，说，"我看了"。

旧金山论坛上的"冰与煤"摄影展，就是我所创办的 C-TEAM 和美国亚洲协会合办的。展览地点在旧金山港湾码头区的一处旧仓库里。展览空间很大，照片的尺寸也非常大，大卫在十年前就使用了超高像素的数码相机，现场效果很震撼。

摄影展的开幕现场请到了旧金山交响乐团去进行表演，同时还举办了一个青年创新论坛，以选拔应对气候变化的商业性项目为目标。台上的选手现场推介自己的项目，台下的评委和投资者直接与选手交流，并现场给出是否会给予投资的意向及原因，形式特别生动。这个摄影展也在中国的多个城市进行巡回展出。

对我个人来说，这个活动有点像我近十年参与联合国气候变化大会的一个小结。

2009 年，我第一次参加哥本哈根的联合国气候变化大会时，是以轮值主席的身份，代表阿拉善组织的 100 家中国企业去的。

2015 年的巴黎会议之前，我创办了 C-TEAM 应对气候变化企业家联盟。这个联盟当时有 1 万多家中国企业参与，以深圳企业为主。那一年，我参加联合国气候变化大会是以 C-TEAM 创办人的身份。

到 2016 年，参加摩洛哥马拉喀什的联合国气候变化大会时，参与 C-TEAM 的企业从 1 万家增加到了 25 万家。增加得这么快，是因为争取到了纺织业协会的支持，成功动员了 22 万家纺织企业。因为中国的纺织产品大量出口，并且涉及众多国际国内知名品牌，并直接影响到水污染、空气污染和劳工合法性等方面。他们能遵守联合国气候变化大会的协定，产生了非常好的社会效应。

之后，C-TEAM 一直处在良性发展中。2017 年 10 月的德国波恩会议，C-TEAM 企业从 25 万家增加到了 50 万家。2018 年 9 月的旧金山会议，又增加到了 80 万家。预计 2019 年会达到 100 万家。

环境保护是时代大势。当我介入环保领域之后，感觉到自己的世界变大了。在国内很多人都说，王石我很佩服你，不是因为你是很成功的企业家,而是因为你两次登上珠峰。但在国际上,大家对我最认可的,是我在环保方面的努力,觉得非常可贵。登山对他们来说,不是新鲜事,他们只好奇为什么我会有这么多时间去登山。

除了上面谈到的戈尔,我和美国前财政部长亨利·保尔森也是因为环保而成了朋友。

他出任美国财政部长是 2006 年,我和他认识是 2005 年,当时他还是高盛集团的主席和 CEO,同时是美国的一个 NGO 大自然保护国际 TNC 的主席。他以 TNC 主席的身份,我以阿拉善 SEE 生态协会会长的身份,我们在人民大会堂共同签订了 TNC 资助中国环保活动的协议。

后来,我带着阿拉善的会员到美国拜访环保组织时,他在白宫的财政部办公室接待过我。后来我成为世界自然基金会美国基金(WWF-US)理事之后,又以这个身份跟他见过几次面。他从财长退休之后,成立了芝加哥鲍尔森中心,也是为环保方面的事务。又因此认识了他的太太,一位鸟类保护专家。

和洛克菲勒基金会的主席大卫·洛克菲勒及夫人,也是因为环保成了很好的朋友。

可以看到,他们在乎你,是因为你做环保。这些交往和支持,无疑都让我在环保方面的努力能够起到更大的作用。

2011 年,世界自然基金会 WWF 成立 50 周年。总部和美国分会的两次庆祝活动都邀请我作为嘉宾出席,并安排我做主题演讲。在总部的庆祝活动中，全球 70 多个国家 WWF 基金的负责人出席，一天论坛，十个主讲嘉宾，其中两位企业家，一位是联合利华的首席执行官，一位是我。

我讲了自己在环保方面的经历，从乞力马扎罗的感受，到在万科推动住宅产业化和绿色建筑，主动联系绿色和平组织，与 WWF 的合作及之后的这一系列经历，引起了大家的共鸣。这一次年会，WWF 的总部和美国分部都邀请我成为董事会成员，我接受了美国分部的邀请，成为这家机构历史上第一位外国董事。

2010 年的上海世博会和 2015 年的米兰世博会，都有独立的万科馆，也和环保有关。比如 2010 年上海世博会的万科馆，展览中自始至终都没有提万科的名字，也没有提房地产，它的核心内容非常纯粹。五个展厅，每个展厅讲一个真实的故事——白蚁建筑、水的故事、沙尘暴与退耕还林、垃圾分类、人类的朋友金丝猴，试图表现人、城市、自然三者之间的关系，跟全世界分享我们对于环境问题的认识。

对环保问题有了更深的认知之后，我还推动了万科公益基金会的一次战略调整。

这个基金会成立已经超过十年，涉及的公益领域比较多元化，包括白头叶猴和雪豹等野生动物保护、垃圾分类及循环再利用、古建筑保护、儿童心脏病救助等等。可能正是因为领域比较分散，导致基金会没有产生足够的影响力。

第四章 角 色

2017 年卸任董事长后，我开始兼任万科公益基金会主席。在我的提议下，基金会把垃圾分类及循环再利用确定为主要业务。以前，这一项目可能只占基金会总预算的 20% 左右，现在增加到了 80% 左右。

垃圾分类一直是万科的关注对象，在 2010 年上海世博会万科馆的展览中，垃圾分类就是重点内容之一。多年以来，我就这个问题做过大量的功课，去欧洲、北美、日本、新加坡，还有中国香港、中国台湾进行过专项考察。其中还有一个插曲。2005 年重走玄奘之路时，我就曾经穿越过印度，但出于对印度的偏见，一直没有在垃圾分类上注意过印度。直到 2018 年下半年，在同事的安排下，我去印度的班加罗尔做过一次专项考察，才发现他们在垃圾分类上做得特别好，尤其是厨余垃圾的处理，做得很到位。

我希望通过一段时间的努力，让万科公益基金会在垃圾分类领域做出自己的影响力。而作为 C-TEAM 的发起者，我也希望通过在垃圾分类方面取得的成绩，来影响 C-TEAM 的每一个成员。让大家知道，一个房地产从业者，正努力在环保领域做出自己的成绩。

我在环保领域所体会到的力量感，是商人或者说企业家的身份带给我的。而因为环保，我对商人这个身份的理解，和我少年时、50 岁时，有了很大的不同。

## 第三节　告别个人英雄主义

**作为公众人物的经历**

大众知道我，很多是从2003年5月登珠峰的电视直播开始的。虽然之前，我在企业界已有知名度。

我原本计划是2004年开始尝试登珠峰，但2002年，中央电视台的《人物》栏目计划拍摄一个"纪念人类登顶珠峰50周年"的专题片，极力说服我组织了2003年的搜狐珠峰登山队。

2003年攀登珠峰时，碰上了SARS（"非典"）疫情最严重的时候。其间许多学校停课，工厂停工，机关人员留在家里办公。与此同时，央视有四个频道在同一时间现场转播搜狐珠峰登山队的攀登进程。显然，通过央视的强大传播力，全国上下都在收看搜狐登山队攀登珠峰的实况转播。有人调侃：我们困在家里等死，这几个人是在珠峰找死！客观上说，攀登过程，尤其登顶的直播不仅创造了很高的收视率，还起到了振奋人心的作用，成为战胜SARS疫情的一股精神力量。我是知名企业的董事长，在四名登顶者中最引人注目，再加上央视的强力转播，各种因素集合在一起，形成了巨大的新闻效应，让我的个人名声上了一个新的高度。我登上珠峰，对公众，对企业家群体，事实上起到了一定的励志作用。

登上珠峰之后到2005年底，我陆续登上了七大洲的最高

## 第四章 角色

峰,并徒步到达了南极点和北极点,完成了登山界的"7+2"征程。我的公众形象更加"高大上"了。但2008年5月发生的"捐款门",却让我的公众形象一下子跌到了谷底。

2008年5月12日14点28分,四川发生8级大地震。当晚,万科集团总部捐款200万元。

5月14日,一位网友在博客上给我留言:"(万科)才(捐)200万,太失望了!!!万科在我心中的形象大减!!!"

5月15日凌晨,我的回复中有这样的内容:

> 对捐款超过1000万的企业,我当然表示敬佩。但作为董事长,我认为万科捐出的200万是合适的,这是董事会授权管理层的最大单项捐款数额。即使授权大过这个金额,我仍认为200万是个适当的数额。中国是个灾害频发的国家,赈灾慈善活动是个常态,企业的捐赠活动应该可持续,而不成为负担。
>
> …………
>
> 万科在内部号召进行的慈善募捐活动中,有条提示:每次募捐,普通员工的捐款以十元为限。其意就是不要让慈善成为负担。

那篇博客引来网友强烈的批评、质疑和谩骂,酿成了万科史上最大的一次舆论危机。

5月21日,我接受凤凰卫视《金石财经》采访,主持人曾静漪突然问:"王总您介不介意就那个帖子向网民道歉?"我当时一愣,但感到了她的善意,我避开帖子内容本身,说了两句话:第一,因为我的几句话,使大家的注意力集中在一个帖子上,影响了抗震救灾精力的投入;第二,这个帖子给投资者和消费者造成困惑,给管理层和员工造成压力,这些都是负面的影响。为此,我无条件道歉。

2008年那一年,对我的影响非常大。年初的"拐点论",之后的"捐款门",第一次让我重新认识到了自己在这个社会的位置。

之前应该是功成名就,企业也做得比较大,但"捐款门"发生时,一天可以上十万的帖子,95%以上是负面声音。与其说是重新归零了,还不如说就是负数。有一句话我印象很深刻:"虽然你登上了珠峰,但是你的道德高度还没有坟头高。"这让我第一次认识到了我和这个社会的距离。我要在这个社会上生存,企业要在社会上生存。这样的处境,第一次让我感到很孤立,万科很孤立。

当时还有一个插曲。就在我那篇博客刚刚引起网友争议之后几天,一位企业家也发表了跟我类似的言论,主要意思也是说不要让慈善成为负担,然后网上的舆论焦点立刻转到了他那边。但这家著名企业迅速进行了危机公关,负面舆论很快平息。而我却始终没有处理,即使万科的管理层一再建议,仍我行我素。负面的舆论焦点又回到了我这边。

## 第四章 角 色

2008年12月份,我在澳大利亚学滑翔机,洪海导演在跟着我拍纪录片。结束了一天的滑翔机飞行训练之后,就在停机库,已经冷静下来的我,在回顾2008年的经历时,说了三个感谢,其中一个就是感谢网民对我捐款言论铺天盖地的批评和情绪发泄的咒骂。那一次的经历让我意识到,我本人和万科的影响力,比我们自己认知的要大很多,但是我没有做好这个准备。感谢这次事件让我成长起来,重新认识自己,知道在这个社会当中,应该怎么去做。不是从此就拒绝再和这个社会来往,而是非常积极地去面对。

2009年11月底,也就是"捐款门"发生的第二年,我意外地接到了李连杰先生的邀请。他代表壹基金,邀请我加入壹基金公募基金筹备小组,还建议我出任第一届理事长。

李连杰先生,包括参与壹基金公募基金的其他企业家对我的正面肯定,让我感觉到非常温暖。

我记得当时直接问李连杰:"汶川地震和'捐款门'事件,网民对我个人的评价很负面,你不担心?"李先生答:"大家对你的正直和理性有信心。"我的眼睛湿润了……2010年末,独立的壹基金公募基金在深圳挂牌,受尊敬的经济学家周其仁教授被选为理事长,我出任执行理事长。但我深知,我在许多人的眼睛里,负面的形象依旧。

一次,我邀请一位我仰慕已久、有探险精神的科学家加入壹基金顾问委员会,这位耿直的科学家却表明态度:因为"捐款门"事件,拒绝加入。我听到后很有挫折感。就内心而言，你当然很在意你尊重的人对你的评判和态度，但你更在意的是自己如何评判自己，并调整自己继续前行。这么多年来，社会上不接受我的、持批判态度的人不在少数，只不过这位科学家心直口快，没有掩饰而已。回忆我在中城联盟里的行为、在阿拉善理事会的角色、在万科的强势，自然无法回避这么多年始终唯我独尊、以自己以为正确的姿态强势对待别人，并以"己所欲才施于人"的心理优越感来对待员工、对待同行、对待政府、对待合作伙伴、对待业主、对待社会。你如此的生命姿态怎能不引起公众的反感？怎能不带来同行的怨言？只不过，碍于面子、碍于我的影响力，大多数人不公开表露而已，"捐款门"事件和互联网的传播效率给了发泄的机会。孔子言：己所不欲，勿施于人。我曾长期以"己所欲才施于人"的态度处事。2008年的"捐款门"事件让我深省并意识到：在当今多元社会中，应该秉承"己所欲，亦勿施于人"的生命姿态才更合适，尤其对有影响力的人物来说。这就是我对"捐款门"表达感谢的逻辑和理由。

2011年初，还没来得及过春节，我就只身一人赴大洋彼岸的波士顿，在白雪覆盖的哈佛校园开始了自己的访学生活。我曾经把人的一生比喻为一颗出膛的子弹，其轨迹是条抛物线，无论初始速度有多快，有多大摆脱地球引力的能量，最终都会落回大地，结束一生。我的人生抛物线最高点已经达到，比如两次登顶珠峰、万科在同行的地位和未来展望以及公益慈善事业的影响力等。现在,既然抛物线在下行了,那么就应该将社会的资源更多地让位给正在上升的年青一代,这才符合正循环逻辑。我去访学,不仅是为圆留学梦,同时也是想借此疏离中国的商业社会。

我不在国内,聚光灯就会多给郁亮,多给万科团队的其他高管。但意外的是,我再一次成了中国的新闻焦点人物!也许是在60岁年龄的求学求知欲望,加上名校的影响力,引发了很多人的好奇心:王石还需要去留学吗?他是怎样学的、学什么?哈佛也有老年班、中文班?或也触动了很多人内心朦胧的欲望或渴望。去探访我,成了一些有影响力的中国官员和企业家去哈佛校园的诉求之一。

**重新认识自己的影响力**

2018年初,《财经》杂志的记者在采访时问,你害怕被公众遗忘吗?

2001年,美国《华尔街日报》统计了1000年来世界上最富有的50人,有6名中国人入选,伍秉鉴是其中之一。1834年,伍秉鉴的私人资产按照当时的价格计算是5600万美元,十倍于内森·罗斯柴尔德的财产。但是,今天绝大多数人连伍秉鉴这个名字都没听说过。

无锡荣氏家族创始人,荣毅仁先生的父亲荣德生,晚年曾对同乡史家钱穆说:"50年后,无锡人记得我,也许就是那座长桥而已。"

人生就是一个过程，我非常清楚，自己已经到了不是舞台中心的地方。我更关注的是，当我拥有影响力的时候，我做了什么。

2003年攀登珠穆朗玛峰。进珠峰营地之前，途经拉萨时，我被摄影家车刚带到了一所盲童学校。我以为是一次慈善捐赠，就带着一种给予者的优越感欣然接受了。

到达那个藏式小院时，孩子们唱着歌欢迎我们，纯净的歌声打动了我。领唱的男孩叫久美，声音亦优美。

但更打动我的，是久美的纯真开朗乐观的性格。我了解到，这个孩子最大的梦想，曾是想当一名出租车司机。当校长赛布芮娅告诉久美，这个梦想恐怕不可能实现时，孩子想了想回答："既然开不了车，那我就当出租车公司的老板！"

他很爱聊天，问长问短。谈话间，他突然问道：叔叔，您能蹲下来吗？好奇的久美伸出手，把我的脸从上到下细细地摸了一遍，绽开笑脸："叔叔，您是个好人！"

那一刹那，我心里打了一个激灵。一个世人眼中身有残障的孩子，对世界的看法那么美好、积极。虽然眼睛看不到，但他比我还自信。

这所学校的创办者赛布芮娅是德国人，1970年出生，两岁时被诊断出色素性视网膜病变，12岁彻底失明。她在盲人学校接受教育，之后在波恩大学学习。大学时，依靠电脑听音分析器学会了藏文。1997年，还未大学毕业的她一个人到拉萨旅

2003年,去西藏盲童学校看望盲童

游时，发现西藏的盲人生存环境很艰难，因为西藏的佛教徒认为双目失明是上天的惩罚。这里的盲人孩子不仅没有受教育的机会，还遭受着各种歧视。赛布芮娅决定帮助这些失助可怜的孩童。

在西藏的旅途中，热爱藏文化的德国盲女邂逅了在西藏旅游的荷兰籍小伙儿保罗。保罗拥有四个学位，从事计算机软件开发，曾在非洲当过救助儿童的志愿者。保罗十分支持赛布芮娅的想法。1999年6月，赛布芮娅的计划得到德国政府赞助。她和保罗先后回到拉萨，建立盲童学校。后来，两人结为夫妻。

当时学校有60多名学生，从四岁到18岁不等，按学龄分班。赛布芮娅和保罗在布莱叶盲文基础上创造藏盲文，自己发明了藏盲文打字机，培训孩子们的指感，教会他们盲文阅读和打字。经过一段时间的训练，这里的盲童大多可以读、写、使用盲文打字机和盲人电脑，用汉、藏、英三种语言进行日常交流。

除了初级学校教育和基本生活技能，盲童还要进一步接受职业技能培训，包括按摩、手工编织、医疗看护等。学校在日喀则有一个300亩的农场，盲童在这里又可以学习织地毯、打毛衣、放牧、种地、挤牛奶，还能学到德国的奶酪制作和园艺技术。

而最触动我的，是在这所学校中，盲童们能感到快乐，甚至建立了自信心。我知道这有多么难得。第一次去探访，我就决定个人资助这所学校。

之后，每次进藏，经过拉萨就会前往探望。在我去登山的途中，拉孜、定日等地方的小旅馆里，有几次都碰到了盲人学校的学生，因为他们懂英文，可以当翻译，又会按摩，所以就被聘请了过去，生活得还挺不错。在那些地方碰到他们，感到非常亲切。

因为他们的歌声非常打动我，很想录制下来。后来找到了一个机会，介绍深圳青年作曲家文莉去了一趟盲童学校，没想到她去了之后一发不可收拾，后来经常去，跟盲童学校和活泼可爱的孩童们建立了非常友好的关系。2006年，文莉和万科员工、企业家万捷、摄影家左力等友人一起，帮助盲童们出版了一张音乐专辑《天籁童心》。

盲童学校的事，我在公司内部说起过，《万科》周刊也报道过。2006年的万科司庆活动中，万科公益基金把久美、曲珍等盲童请到深圳访问。当孩子们被带到海边，第一次听到大海的声音时，脸上的表情，那种兴奋、期待和小心翼翼，用嗅觉、听觉、触摸来感受广阔无垠的太平洋和在浪花中跳跃闪烁的阳光的样子……我至今记忆犹新，犹如昨日发生。

因为公司同事都觉得这是一个很好的项目，从那一年开始，就由我个人资助转为万科公益基金会定向长期资助。

我因登山而与西藏这块土地结下了缘分。当有了一些影响力后，理所当然希望为之做点事。2001年，我开始资助西藏登山学校,其学校的几位早期学员是我的登山向导和助理,其创办人尼玛校长更是我2003年攀登珠峰时的总教头之一,既是亲临现场的指挥,也是手把手教我的教练。

我个人资助西藏登山学校,与其说是资助,不如说是受惠后的感恩回馈。

近年来,随着人类生存活动圈的扩大和登山运动的人群密度大大增加,珠峰的周边环境遭到人类活动的干扰和污染,野生动物的生存空间亦遭到挤压。作为万科公益基金领头人,我积极推动万科公益基金与世界自然基金会WWF联手开展了"保护珠峰雪豹"的长期项目。2010年,第二次攀登珠峰时,万科公益基金会发起了"零公里行动"垃圾回收活动。其中的珠峰北坡清扫行动由西藏登山学校的15名专业登山队员执行,志愿者配合,贯穿从3月底至5月底的整个珠峰登山季。在7790米到8844米的极高海拔区域进行,清扫了超过200个废弃氧气瓶和两吨垃圾。

与此同时,我和另外五位中国企业家则在珠峰的另一侧——尼泊尔南坡攀登珠峰。第二次攀登和2003年第一次攀登最大的不同点,在于"零废弃"行动——我们承诺攀登过程不扔弃任何垃圾,包括排泄物。在高海拔缺氧、高寒的环境下稍有不慎就会招致生命危险,这个承诺的难度可想而知。但最终我们做到了。

2008年"捐款门"危机中,万科做出一个重要决定,就是援助四川省绵竹市遵道镇的重建。而其中最具纪念意义又最难得的，是遵道学校。

2008年5月16日，地震之后的第四天，万科团队到达成都，赶赴都江堰、北川、绵竹等地调查灾情，发现绵竹市遵道镇灾情严重，但在紧急救援阶段未被列为重点地区，政府力量暂时顾及不到，就决定以遵道镇为万科的救灾重点。

5月18日，成都万科近30辆工程车开到遵道，开始铲平废墟、搭建帐篷，成为第一支进入遵道镇的专业救灾队伍。

5月19日，万科董事会以通信表决方式全票通过决议，决定召集临时股东大会，提请追加1亿元的特别授权额度，用于以遵道镇为重点的临时安置、灾后恢复与无偿援建工作。

6月5日，万科召开临时股东大会，审议通过了向四川灾区的亿元捐赠动议。

12月31日，万科交付遵道学校及卫生院，这是整个灾区最早交付、抗震设防等级最高的永久性建筑。

至2009年底，由第三方中砝集团编制的万科捐建项目独立审计报告显示：万科公司、万科公益基金会、万科员工及万科合作伙伴在四川共捐资1.23亿元，捐建项目约5.4万平方米。

与资助西藏盲童学校不同的是，万科在援建遵道学校时，动用了自己更多的管理经验和资源。

当时，万科公益基金对遵道学校的重建是这样把握的。

2008年5月8日,担任北京奥运会的火炬手。四天后,四川大地震发生

2016年,在由万科援建的绵竹遵道学校给学生上课(成都商报,来源:视觉中国)

第一,它是突发事件引发,我们的援助行为是嵌入式的,不是很自然地开始的。这种强行介入的行为,一开始或许有很大的帮助,但长期来讲就未必,因为事物有自己本身的逻辑,强行介入,如果发展得不好,可能适得其反。比如遵道学校的建筑设计标准,因为是重点资助项目,可能会比较高,但仅仅建筑本身的标准高,而教育质量等其他方面跟不上,从长远来讲未必是好事。

第二,既然你介入进来了,就不要做成一次性的行为。我们做的是长期结合,不但建硬件,还要充分考虑学校今后的发展,在软件上建立一种更长期的关系。实际上,十年来,郁亮、解冻等高管每年都会去三四次。同时,万科公益基金与学校、与当地的教育局一直保持沟通,关心所聘任的校长的能力,关心同学们的考试成绩。万科公益基金还设置了奖学金,资助老师们得到更多的交流机会,开阔眼界提高教学质量;还资助更好的师资去帮助学校。

这个学校从一年级到初中,以前是县级市的倒数第二,现在已连续多年重点高中上线率位居全市同类学校第一。以前生源都不能保证,现在进这个学校,有的人还想托关系。

2018年是汶川地震十周年。第一批亲历地震的孩子们,很多已经上了大学,参加了工作……

在这样一次次的经历中,万科更懂得了如何扮演好企业公民的角色。而万科公益基金会这样的机构,所追求的就是更理性、更有效率地去做公益。

其中一个典型的例子，就是万科公益基金会选择由华夏基金会发起的儿童先天心脏病项目。

以企业家的思维方式，做公益也有一个效率问题。第一，可衡量；第二，可复制；第三，要有较高的投入产出比。

儿童先天心脏病是一种很特殊的病例，很好查。一个手术多少钱，也很好确定。而且效果也很明显，手术前手术后，完全判若两人，很快就能过上正常人的生活。

实际上，这个项目我们不但做下来了，规模还做得很大，涉及几个省，到现在一直在做。

2011年6月，"郭美美事件"出来之后，很多人对我说："误会了你王石，应该向你道歉。"但我觉得，他们没有误会我，也不应该向我道歉。

他们以为我不让大家多捐，是因为我提前看到了红十字会的腐败问题。我不是那个意思。至今我保持"捐款门"引起轩然大波的观点：第一，不应该逼捐，应该是自愿，不然很容易形成情感绑架和道德强迫；第二，中国是灾害频发的，做公益应该是个常态，量力而行；第三，从更高一个层级来讲，做慈善不是非要进行自我宣传的。不是说自我宣传不对，只是如果你做了公益活动，又因此而宣传自己，那个就属于比较低层次的。

这种做公益的理性态度，到今天仍有很多人无法理解。

第四章 角 色

过去的十年时间，越发感到：自我反思比以前多了。

2005年下半年，我着力于组织一支南极探险队，以完成个人"7+2"（登顶七大洲最高峰，并到达南极点和北极点）的最后一站。在确定队员名单时，作为组织者，我将上半年一同抵达北极点的两名队员排除在外。

徒步北极时，这两人中的一位男队员在帐篷里煮饭时，把羽绒服给烧着了。幸亏没把帐篷烧着，不然可能会导致整个行动失败。另一位女队员，走得比其他队员慢一些，多少会拖慢进度。

得知排除两位队员的消息后，中国登山队长，也是多年来合作完成七大洲最高峰目标的队长兼教练来给我做工作，希望我能改变决定，但我坚决不同意。因为这已经是"7+2"的最后一站了，不想节外生枝。

意想不到的是，队长、队长的助手，还有一名主力队员，都因此退出，和被排除的女队员另外组织了一支徒步南极探险队。实际上，最终两支队伍都成功抵达了南极点。

这件事发生之后，我和队长闹得很不愉快。我非常不接受他们的决定，一直觉得自己是受害者。原本组织的一支实力很强的队伍，突然被严重削弱。之后很多年，虽然私人关系恢复了正常，但我觉得自己当时的决定是合理的。

直到最近几年，我在剑桥参加了赛艇队，特别是开始推广赛艇运动之后，才意识到一个团队的成员，总会有强有弱，弱的要自强，强的要助弱，这样的关系对整个团队才是最有利的。所以现在划赛艇时，有很多比我弱的队友，我也愿意跟他们一起玩了。过去，这对于我是不可想象的。

以前，我个人英雄主义的想法更多，追求的是"我能，你不能"。现在，我更愿意做带动社会、启发他人的事情，追求的是"我能，你也能"。这是一个从利己向利他的转变过程。

还记得 2005 年 4 月，我赴北极徒步时，在北京首都机场意外地看到了北大生物学系潘文石教授。他交给我一封信，大意是：他非常佩服探险的英雄行为，认为探险是对大自然的尊重，与环境保护、生态保护等精神是一致的，他衷心祝愿我们成功。

飞机上读这封信，让我两耳发热，我知道自己身上没有教授所说的这种精神。作为一个户外活动爱好者，我仅仅把户外探险活动当作张扬自己个性的行为，从没想过把它作为一种承担社会责任的机会，教授的溢美之词让我羞愧难当。

我是个明白人，我能读懂老教授的言外之意：你是一个公众人物，可以利用自己的影响力，以高尚的行为带动整个社会。

在读到潘教授的信之前，我并非没有公益意识，但这封信促使我开始更深入地思考，作为一个公众人物，应该如何善用自己的影响力？后来"捐款门"的经历，更让我意识到，自己在这一点上思考得仍然不够。

真正做好准备，是到了剑桥学习之后。

之前，我参与过很多社会组织，但基本都是被动邀请的，可以说有些"后知后觉"。创立中城联盟是胡葆森和冯仑的提议,阿拉善基金会是刘晓光邀请的,壹基金是李连杰先生和马云、马化腾、牛根生、马蔚华、冯仑等企业家发起,之后邀请我参加的。但2013年底,我担任深圳市商业联合会理事会主席,可以说是带有主动性质的。

实际上,当时深商会那边来问我时,只是试探性地问一下,其实已经选好主席了,但没想到一问我就非常爽快地答应了,后来就设了两个会长。以前,这样的邀请我肯定是会拒绝的,觉得精力上顾不过来,但这一次,我却变被动为主动。

在剑桥的学习中,我体会到自己的人生所得是如此丰盛,让我有了一种应该对社会有所贡献的紧迫感。参与深商会和其他社会组织、创办运动商学院等等,都有这个背景。我开始思考如何才能更好地为社会贡献自己的力量?我是深圳的既得利益者,应该主动为深圳贡献力量。

2013年,担任亚布力中国企业家论坛的轮值主席,也是这个考虑。之前担任轮值主席的任志强、郭广昌等企业家,曾经代表的是北京、浙江等地的企业家,而我则希望能把深圳甚至珠三角的企业家的声音,带到这个全国性的企业家论坛的舞台上。

作为在经济特区成长起来的企业家,我主动参与组建了深圳国际交流协会、深圳鹏乐交响乐团,还欣然接受垃圾分类形象大使的称号。

为深圳做的事情里,能促成美国西雅图与深圳结为友好城市，是一个特别的经历。我和西雅图很有缘分，因为前两次去都因为偶然原因而中断，我短时间内连续访问了三次。去的次数多了，就发现西雅图和深圳有很多相似之处，都是有山有海，都注重环保和公益，科技创新都非常活跃。我考虑到，深圳现在正处在转型期，西雅图既拥有微软、波音、星巴克等很多国际领先企业，又有环保方面的西雅图标准这样的城市发展经验，有很多值得深圳学习的地方。在努力之下，西雅图与深圳结为了友好城市。市长互访，企业家代表团多次互访，联合登山，等等，取得了很多成果。

这些事情，对于我个人出名并不会有什么帮助，但这是应该做的。也是在一次一次的参与过程中，我慢慢领悟到，做公益不仅仅是个人为社会贡献力量这么简单，实际上，做公益也是为了成为一个更好的人。在处理人和社会的关系过程中，常常不得不追问：应该怎样对待别人？怎样对待自己？一个理想社会是什么样的？……

第五章

# 生　死

我的改变：个人的现代化40年

# 第五章 生 死

生死观是一个人的价值系统中不可缺少的一部分。

这涉及一些基本问题，生从何来，死去何处，生命的意义，死亡的意义，人如何超越死亡，等等。这些问题，都没有标准答案。需要每个人自己去思考和选择。

我的生死观的变化，最明显的是从登山开始的。在登山生涯中，我曾经多次遭遇生死关头。可以说，是登山让我学会了坦然面对死亡。

而作为一个房地产业的从业者，做房地产，做建筑，实际上是观照人的一生。我在考察几大文明古国的古建筑时，开始特别关注不同文化对墓地的态度，并将这个观察角度延续了下来。在这个过程中，我对生死也有了新的认识。

人的死亡观是和生命观、生活观连在一起的，是无法分割的整体。一个人如何看待死亡，会影响他如何看待生活和人生。

## 第一节　死后的房子

**身为儿女的困惑**

我的父亲是1991年去世的，心肌梗塞。那一年正是万科走多元化道路，如火如荼、忙于扩张的时候。突然得到父亲去世的消息，我蒙了，竟不愿意相信死讯是真的。急着赶最近的航班返回河南，没有片刻耽搁驱车到医院，能够见到的父亲却是躺在冒着冷气的金属匣子里。触摸着父亲冰冷的脸颊，满是悲痛。姊妹八个，父母省吃俭用把我们带大成人，真不容易。有几年了，想着接父母到南方享受岭南温暖舒适的冬天，却一直未能成行；现在没有任何征兆就走了，心里无法接受。送父亲去医院急救的小弟说，父亲心肌梗塞发作后，急救车来得很及时，但父亲没有经验，是自己上的救护车。事后门诊抢救的医生说，发作后就不应该移动了，要是能用担架抬上救护车就好了。小弟说："进急救室前，爸爸还和护理的护士打趣，'打针不要用太粗的针头，会很疼'。"喜欢逗趣、和蔼可亲的父亲没能走出急救室。

家里设了灵堂，我站着连着守灵三天，不让姊妹替代，好像是一种弥补。但早先你干什么去了？你这个浑球儿！我对自己产生了一股无名的愤怒和无奈。

如何安葬父亲的骨灰，回老家金寨还是就在郑州？老父亲走得突然，对身后的事没有任何交代。家里人商量后，决定暂时寄放在郑州的烈士陵园。

返回深圳,我完全换了一个人:取消了工作时间之外的加班和应酬,一个人关在家里,脑海里就是父亲的影子和一起相处的经历:话不多,但喜欢户外运动,带着小孩儿去郊游、爬小山;喜欢喝酒,但买的却是过期的减价酒,一喝脸就红扑扑的像关公;骑车到学校给我们送午饭;一起排队买蜂窝煤,用架子车拉回家……意外的是,我竟看到了有说有笑的父亲问我怎么安排岭南的冬天生活,有没有喜欢打牌的邻居?……醒来后,真希望不是在做梦。

"父母在,人生尚有来处;父母去,人生只剩下归途。"没有想到,父亲的去世会对我的心理产生那么沉重的影响,我非常后悔,觉得自己没能尽到孝心。有半年时间,才从这种自闭的状态中解脱出来。

那之后,我把母亲接到了深圳同住。

母亲和我性格都硬。从小以来,我和她的关系就有点紧张。潜意识里,总觉得她一直都在以一种严厉的目光注视着我的生活。她搬到深圳与我同住之后,我们之间延续着这种不断冲突又充满了爱的关系。

我因为经常去世界各地出差,旅行箱上贴满了各种旅行标记,都是很珍贵的回忆。但有一次,在家里多待了两天,再出差时,母亲把一个不认识的箱子拎到我面前,我才发现,她把上面我攒了十年的标签全部洗掉了。

同住的那段时间，我经常出差，回来上班也很忙碌。实际上，母亲很少有跟我说话的机会。有时候早出晚归，连面都见不上。

有一天半夜，我被一点声响吵醒了，睁开眼睛，发现门是开着的，我本能地想去关门，这时候才发现母亲在半开的门缝里看着我。我问她有什么事，她说没有。我没有多想，就起身关门睡觉了。后来，又过了几天，我半夜又醒了，睁眼一看，和上次的情景一模一样，我就意识到，母亲是借着廊道的余光在看我。我没敢动，我知道，如果我动了，她一定就回去了，因为她怕打扰我。我忍着不动，约20分钟，她才掩上房门回了房间……

那一次，我才理解。在母亲严厉的外表下，内心是如此关爱她的孩子们。

但在别人面前，她一如既往地刚强。2003年我首次登珠峰的电视直播，央视采访我母亲，问她是否担心儿子的生命安全，母亲毫不犹豫地回答："不担心，有什么好担心的！"

父亲去世后，母亲开始信佛。我很诧异，怎么一个老布尔什维克就突然虔诚地信佛了？而且是认真地看佛法书，愿意和信佛的人聚会交流。有几次，老人家认真地告诉家人，昨晚老父亲托梦告诉她，"不要挂念，在极乐世界很好，和之前去世的老同事都在一起"……老母亲叙述时显得就像单纯的孩童。做儿子的感觉，老母亲不是在思维，而是凭孩子般的情感去相信和渴望西方极乐世界，唯如此才能满足内心的期待，也开辟了她与"极乐世界"父亲对话的通道。

从那时起,只要出差的地方有寺院,我就会去拜访。每次回来后,我们就有了共同话题,我会跟她聊,又去了哪个寺院,看到了什么,许了什么愿。进寺院不免进香、磕拜、打坐。就形式上来讲,我中意打坐。也许年轻时练过五禽静功的原因,双腿盘坐,身体端正伸直,注意力集中在丹田,均匀呼吸,很快入静,二十分钟、三十分钟……慢慢地,打坐成了习惯,平常独处时也会打坐半个小时。打坐让我感到身心平衡、内心平静,能淡定地面对这个激动人心又充满不确定性的大变革时代。

2010年第二次成功登顶珠峰撤回加德满都,专程驱车前往释迦牟尼佛出生地蓝毗尼,在博物馆院子里的一棵根深叶茂的大菩提树下打坐一个小时。天气很热,汗流浃背,却心如止水。有什么感悟吗?潜意识会有吧,但感觉不到,对现世的情感、荣誉、爱恨情仇仍然痴迷不误。人一生不得不面对和体验的,正是人生艰难、天灾人祸,前途莫测才能彰显智慧和行动力的价值和意义。我欣赏阿兰·德波顿在《哲学的慰藉》中的话:"人的自我完成不是通过避免痛苦,而是通过承认痛苦是通向任何善的自然的、必经的步骤而达到的。"

母亲是91岁走的。她去世时,我虽然悲痛,但不像父亲去世时那么遗憾。在她的晚年,能感到她是开心的。最后五年,母亲患了阿尔茨海默病,到后来几乎所有人都不认识了,还能认出我。

因为老年痴呆症，母亲对于自己的后事也没有交代。如何安排她的后事，让我很困惑。母亲和老父亲合葬是清楚的，问题是合葬在哪儿。安徽老家金寨还是退休之地河南郑州？还有姊妹兄弟死后是否都和父母聚一起？还有第三代？这就涉及多大的墓地合适，以及墓碑的样式。我因此想到，我会不会也存在同样的问题？因为我也没有考虑过我以后怎么办。如果不考虑，将来又会给我的后人带来困惑……

**归于寂静**

2000年初，以城市建筑史为课题，我系统地考察了几大文明古国的城市建筑和规划发展史。在这个过程中，很自然地就会了解到一些与死后的世界有关的墓地规划和建筑，起点是埃及的金字塔。

古埃及人相信：自然万物都会死而复生，人也是如此。现世只是短暂的一瞬，另外一个世界才是永恒长存的。既然追求永生的彼岸，尸体就要保留，否则灵魂无所依附。没有了灵魂依附的躯体，永生也就无望。灵魂不死观念被普遍接受，木乃伊制作成为必需。据记载，木乃伊制作法共有三种，分别为法老、贵族和低级官吏，其间造价悬殊。平头百姓的尸体无能力进行防腐加工的，只能依靠当地的干燥气候来自然保存。

从开罗出发，四个小时沙漠公路抵达古希腊历史上曾经最繁荣的海港城市——亚历山大港。20世纪初，一位寻牛者掉进塌陷的深坑而发现了一座托勒密王朝的库姆地下墓穴。圆形竖井的旋转楼梯通向墓穴。墓穴分三层，中间层类似希腊神庙内部结构，浮雕风格却是古埃及和希腊神话人物的杂合。

有意思的是，两种不同死亡文化在这里和睦相处。当地贵族采用古埃及人常用的尸体处理方式，将其制作成木乃伊，相信尸体仍是灵魂依附的基础。古希腊人也相信灵魂不死说。柏拉图在《斐多篇》中，给出几点论据：一、万物对立而产生，弱源于强，恶出于善，生亦源于死，一如死源于生。故灵魂于人生前必先存在，于人死后必将产生新的生命。二、根据"知识即回忆"命题，理性和知识来自灵魂，而不是感官。三、灵魂是神性的，肉体死亡后，灵魂不会解体而是进入另一个人的躯体而获新生。简而言之，灵魂是超越肉体永生的，而尸身则是腐朽的臭皮囊。在柏拉图看来，灵魂只有摆脱肉体的羁绊之后才能达到至善至美的本真存在。古希腊人主要采取火葬，不保留尸体就没有什么奇怪的了。地下墓穴还摆放了许多希腊家族的骨灰铜瓮或陶罐。

之后罗马帝国取代了希腊的统治，文化源头上，罗马人接受希腊人的"灵肉二元论"，只有将肉体毁灭，灵魂才能自由飞升。基督教早期传播时代，古罗马盛行火葬。那时的基督教徒不怕死，但是害怕火葬，教徒相信他们死后可以复活，而复活是需要肉体的，如果把肉体烧成了灰，还怎么复活呢？更何况火总跟地狱扯上关系。只有作恶的人才被会扔到地狱里受惩罚。在犹太教的生活中，火也是一种惩罚犯人的工具，不应该用在行善者的遗体上。罗马帝国地域辽阔，民族信仰众多，罗马统治者奉行怀柔政策，尊重信仰和习俗，只要拥戴帝国统治，殡葬烧埋自便。所以强行烧掉基督徒的尸体，不是为了推行火葬，而是不想为基督徒传播"复活"留下念想和机会。受洗的基督徒们都相信：耶稣受刑而死，尸体没有被火化，给复活留下机会，三天后死而复活。当时流行的口头禅是："罗马人怕埋，基督徒怕烧。"迫不得已，弱势的基督徒在罗马城郊区秘密建立了地下墓穴。在基督徒遭受迫害时期，信徒们会选择在偏远、安全的地下墓室中举行仪式和聚会。直到"教会和平时期"到来以后，殉教者和普通信徒的遗体才迁移到建在地面上的教堂基地。随着基督教的传播和影响，古罗马人的火葬习俗才逐渐改变为埋在基督教堂的土葬，长眠在那里等待世界末日来临时复活，弥赛亚带领信众和复活的信徒上天堂。

2004年春天，我去希腊德尔斐神庙考察时，还有一次意外发现。

德尔斐神庙位于希腊的福基斯，在距雅典150公里的帕那索斯深山里。遗址只剩下神庙的基座和斑驳的希腊立柱。站在遗址的高处眺望，德尔斐神庙遗迹和苍松翠柏、群山蓝天融为一体，仍不失庄严神圣。至今我还清楚地记得神庙的三条箴言：认识你自己；任何事情都不可以过分；承诺带来痛苦。这里的神庙、体育运动场和训练场被联合国确定为世界文化遗产。其实，我到这里，本来是冲着古老的体育运动场来的。公元前776年，第一届古希腊奥运会就是在眼前的运动场遗址上举行的，到公元394年共举行了293届，持续了1100多年。为

## 第五章 生 死

了健美，为了优雅，为了和平，真了不起！让我感到兴奋和神秘的是，古希腊奥林匹克运动起源竟和亡灵祭祀有密切关系。

依据考古推测，古希腊贵族的殡葬祭祀活动是在死者墓地举行竞技比赛。《荷马史诗》里有大量篇幅描绘葬礼竞技会的细节：战车、拳击、摔跤、赛跑、格斗、掷铁饼、射箭、投枪等。这与后世的古奥林匹克运动会的形式极为相似。在史诗描述的"英雄时代"以如此积极进取的人生态度面对死亡，展现了古希腊人独特的生死观。对古希腊人来说，尽管相信灵魂不死，但对亡人的亲人是悲伤和痛苦，对活着的人是恐惧，和其他民族甚至现代人并无两样。欢乐与痛苦、微笑与眼泪、生存与死亡、刚强与唯美，通过墓地举行的竞技来表现活着的珍贵；在与死亡的抗争中展现对命运无常、痛苦无助的超越。生死联系得如此紧密，只有坦荡面对死亡才能从容思考生命意义和生活目标啊。

2001年夏天，我曾随北京申奥团来到莫斯科。申奥取得成功，在中国大使馆院子里冒着瓢泼大雨欢呼庆祝的情景恍如昨日……

那次的日程上，有莫斯科新圣女修道院。修道院位置在郊区西南角，莫斯科河一侧，森林环抱。修道院建筑典雅华丽，是莫斯科最美丽和谐的宗教建筑群之一，地位仅次于克里姆林宫。但此次访问安排了瞻仰列宁墓和新圣女修道院所属的墓园。新圣女公墓距克里姆林宫红场的列宁墓仅五公里。1924年1月21日列宁去世。人民代表提议永久保留列宁尸体，很快获得斯大林采纳。"遗体崇拜"属于东正教文化的组成部分，圣徒的尸体是否会迅速腐烂是东正教封圣的考量之一。东正教认为，干尸是圣徒的遗骨，具有神力，能创造奇迹，具有庇护作用。存放的干尸以公开或半公开的形式在教堂保存和展览。遗体崇拜的传统在俄国由来已久，革命领袖的遗体供人膜拜就容易理解了。

新圣女公墓起初是埋葬教会修士的墓地，到了19世纪，才成为俄罗斯著名知识分子和各界名流的最后归宿选择。原安葬在教堂里的文化名人也被迁移到这里。安葬在这里的，有著名诗人普希金、马雅可夫斯基，作家果戈理、契诃夫，作曲家肖斯塔科维奇，著名芭蕾舞蹈家乌兰诺娃……还有中国共产党早期领导人王明和被罢黜的前苏共总书记兼总理尼基塔·赫鲁晓夫等。

教堂五个圆顶金光闪闪、光彩夺目，凸显东正教建筑趣味。

进入墓园大门即感意外，这里更像是以巨大的橡树、安静的白桦林为衬底的雕塑艺术公园，宁静安谧，令人流连，怎么会是墓地？在这一座座充盈着艺术灵气的雕塑艺术品下安息着亡灵。代表某种情趣或人生姿态的雕塑在与后人和来访者进行对话交流。

在芭蕾舞演员乌兰诺娃的墓地，一座白色大理石浮雕，呈现出她跳芭蕾舞《天鹅湖》时的优雅姿态，把她艺术生涯中最具舞台魅力的瞬间表现了出来。柴科夫斯基创作的《天鹅湖》多次被改编过，经乌兰诺娃演出后，就此定型，再也没有改动过。

著名戏剧艺术家尼库林，所饰演的小丑一角诙谐幽默，总能唤起观众的激情。他的雕像上，手中的烟头呈燃烧状，意为大师还未远去，只是休息一下而已……尼库林病危时，他的小狗不吃不喝，大师上午去世，小狗下午也随他而去了。小狗的雕塑至今仍守护在主人的雕像身边。

作家奥斯特洛夫斯基的金属浮雕，身体靠卧在病榻上，以坚毅的神情眺望着前方，握拳的右手放在合着的书本上，左胳膊肘撑着消瘦的身躯。他创作的小说《钢铁是怎样炼成的》的男主角保尔·柯察金的艰苦卓绝又带有浪漫色彩的奋斗故事影响了我们几代人。"人生最宝贵的是生命，生命属于人只有一次。一个人的生命应当这样度过：当他回忆往事的时候，他不致因虚度年华而悔恨，也不致因碌碌无为而羞愧……"这段话至今对我仍有意义，我还在路上。90年代初，万科影视将这部小说改编成电视剧，全部聘请乌克兰演员，在基辅完成摄制。央视播放，成为当年最受欢迎的电视剧之一。

赫鲁晓夫，可谓苏联历史上第一位改革者。在苏共"二十大"上他终止了对斯大林的个人崇拜，取消了干部特惠制度……在赫鲁晓夫执政时期，美苏"冷战"导致古巴导弹危机，世界进入核战边缘；为了粮食产能超过美国，强行让生产小麦的粮仓乌克兰改种玉米，导致粮食歉收，农业政策失败；还有中苏关系破裂等。1964年他被迫退休，淡出政坛。在他的墓地，写实风格的雕塑头像，被不规则的大理石画框框在中间。画框一半白色，一半黑色，不免给人"功过各半"的联想。有意味的是，墓碑的雕塑家是赫鲁晓夫执政期间以反资产阶级自由化的理由被撤职的全苏艺术家协会主席。在遗嘱里，赫鲁晓夫特地委托这位艺术家做墓前的雕塑。也许，私下里赫鲁晓夫和这位大艺术家是朋友，或欣赏他的艺术风格，抑或对自己的错误决策感到忏悔？

置身墓园，面对一个个雕塑，各墓主的灵魂与墓碑雕塑的艺术形式巧妙呼应，形成了令人印象深刻的俄罗斯墓园文化。每座墓碑雕塑都仿佛在诉说历史的一页，个人的华彩和遗憾。在这里你才感受到生命的完整性，感受到死亡才是生命的完整句号。而这个句号又是以艺术美的高度来感知死亡，超越死亡。在墓园赞美完整的生命，新圣女公墓做到了。陪同的莫斯科朋友认为：在信奉东正教的俄罗斯人心中，新圣女公墓不是告别生命的地方，而是重新认识生命、净化灵魂的场所。

2004年夏天，也没有围墙，只有起伏有致的草地、水洼和森林；一座雕塑般的十字架竖在湖畔一侧；一处不显眼的平层建筑和周边景物融为一体，大概是火葬场和教堂；只是没有看到墓地惯常的墓碑群。

我是慕名而来的，这个墓地于1994年被联合国评为世界文化遗产。两名瑞典年轻建筑师用了20年时间，将这个墓地营造成了一个影响西方世界墓地改革的标杆。

20世纪初，因城市墓园使用面积供不应求，斯德哥尔摩政府决定对郊区的一处森林进行改造,在保持优美环境的前提下,开辟出一块可供火化墓葬的大型公共墓园。

火葬在信奉基督教的北欧国家曾一度是敏感话题。对信众来说,尸体被火化了,如何复活?但从生态文明的角度,火葬不仅不会像传统土葬那样,给环境带来污染,还能让公共墓地和教区墓地成为人们休闲消遣的场所。

这个林地公墓占地一平方公里,略大于耶路撒冷老城,原始森林一望无边。在两位杰出的瑞典建筑师的改造下,变成了由松林、草丘、墓地和教堂组合成的新型墓园。看不到焚烧的烟囱,也没有教堂的塔尖标志。但简约的现代教堂空间可举办不同规模的葬礼。墓地坐落在疏密有致的松树林中,树干高而直,墓穴四散分布于松树的间隙中。任何斯德哥尔摩市民只需缴纳每年50欧元的管理费,都可以安葬在这个宁静的墓园里。无论富贵贫穷,在天主面前人人平等。

世纪大美人葛丽泰·嘉宝也安葬在这里。嘉宝出生在斯德哥尔摩的一个贫困工人家庭,很小就为补贴家庭外出打工。偶然被电影导演斯蒂勒发现,送到美国发展。30年代的好莱坞造就了嘉宝。她成为全世界男人梦寐以求的女神。影迷称她为"来自瑞典的斯芬克斯"。这位举世瞩目的巨星却在36岁的事业巅峰期选择隐退,再也没有公开露面。她84岁病逝后,也没有举办公开的葬礼,至死都是个神秘女人。她的骨灰安葬在林地公墓,墓碑矮矮的,上面仅有她的名字,尽管墓的主人是瑞典人引以为豪的女明星。

我还去过位于巴黎塞纳河左岸拉丁区的先贤祠，那是浪漫的法兰西民族埋葬法国伟人的墓地。先贤祠的前身是大革命到来时刚完成的教堂。革命党人提议将其改造成对法兰西民族有贡献的伟人的墓地。进入穹顶结构的大厅，首先看到的是一个高悬的球体在缓慢地摆动。1851年，法国物理学家莱昂的高达67米的钟摆装置就是在这里首次以实验力学的方法证明了地球的自转。墓地设在地宫，通道两侧是隔间，每个隔间都是"上下铺"结构。在如此有限的空间内，安葬着伏尔泰、卢梭、居里夫妇、雨果……，伏尔泰和卢梭是整个墓宫的中心，两人都极尊为人革命的先驱。伏尔泰的棺木上镌刻着："他使人类懂得，精神应该是自由的。"正是这种理想，号召人们冲破中世纪的宗教桎梏，催生了法国大革命，使人类进入一个新时代。伏尔泰墓室的对面是卢梭的墓室，卢梭的"社会契约""主权在民"思想不仅成为法兰西共和国的立国思想，也已成为全世界大多数国家的立国思想。法国人心目中的伟人，不仅仅要有出众的建树，更重要的是对国家民族的思想上的贡献。雨果和左拉的墓室前的文字，介绍的是他们的反专制、争取自由的斗争，而不是他们的文学建树。

在先贤祠，我还想到了戴高乐将军。我还清楚地记得，1970年戴高乐将军去世时，我还在部队服兵役。我从《参考消息》上看到，戴高乐将军要求将自己安葬在家乡，葬礼由家人和助手安排，仪式必须极其简单。举行葬礼时，除家庭成员、"二战"期间的老战友和当地的官员外，不留别的位置。

不要乐队，也不要军号。遵照将军遗愿，葬礼简朴，棺木由一辆战车运到教堂前，由村里的青年抬往墓穴。棺木约合350法郎。半个世纪过去，我对那篇报道仍记忆犹新。伟人如此俭朴地安排身后事，是人生的大智慧。

2017年春节，我还访问了日本北海道札幌的真驹内泷野墓园，去现场感受安藤忠雄设计的"头大佛"作品。四年前，墓园的创建人找到安藤先生，希望能为墓园建立30周年做个纪念建筑，同时希望这个建筑能和一个孤零零的30米高的坐佛结合起来，成为札幌的新地标。这显然是个难题。

2016年夏初，"头大佛"项目正式对外开放，开满梦幻般的紫色薰衣草的人造山丘顶端露出半个佛头的景象，引起国际新闻界的关注和褒奖。令墓园主人高兴的是，"头大佛"的再造项目不仅成了札幌的新地标，还成了受欢迎的景点。

我喜欢安藤的作品，20年间追星般地考察参观安藤设计的项目。不仅组织万科的建筑师去日本逐个探访安藤的作品，研究借鉴；个人还多次在美国、欧洲寻访安藤的作品。

我考察过的安藤作品中，包括与生死有直接关联的"光、水、风"的基督教堂，佛教的本福寺水御堂。我对这两个作品特别感兴趣。经中国传到日本的佛教，和同样来自中国的儒家思想一起，与本土的神道教有机融合，形成日本的独特文化，但"一神论"的基督教和东亚文明的日本信仰却不大相关。但是在世界文化融合的今天，安藤先生突破文化冲突和限制，设计出东西方共同面对人类生死主题的建筑，这深深打动了我。

我产生了请安藤先生到中国设计墓园的强烈念头。做房地产，做住宅小区，不是应该观照人的一生吗？出生入死的问题都应该观照到。从事了30多年的房地产业，以住宅和配套设施为主，"出生"的场景几乎都面对了，但"入死"的场景还没有。很想与安藤忠雄先生一起，借着死亡课题来一次生死观的对话和合作，开拓对死亡的认识和对生命完整性的深层认知……

在"头大佛"项目现场，踏雪蹚过结冰的水池，进入覆盖大佛的浅丘的甬道。行走在昏暗的甬道中，不觉步子慢了下来。心情平静地进入洞窟，突然豁然开朗。异常高大的大佛安坐眼前，阳光穿过露天的穹顶直射在大佛身上。安详的坐佛、阳光、蓝天、飘动的云朵，坐佛身上、盘腿上残留的积雪。沐浴着阳光，绕着大佛坐像走了一圈，脑海里浮现着罗马万神殿穹顶的天窗亮光、巴黎圣母院的梦幻玫瑰窗、敦煌石窟慈悲为怀的佛像……

陪同参观的墓园主人解释说，以前坐佛孤零零地露天，不觉得有这么大。他对安藤"把大佛罩起来，只露半个佛头"的方案很不理解。但工程完成后，参照环境不一样了，安藤的设计不仅增加了大佛的神秘感，有了对比，也令坐佛的视觉形象一下子高大了起来。

参观时，墓园主人跟我谈到甬道的扇面造型，以及由复杂的褶皱形成的壁面工艺，对施工质量提出很高的要求，甚至曾经影响了施工进度。我们两人都不太明白这个扇面造型的设计意图。再次见到安藤时，我向他询问这个问题，他的回答直截了当:"那不是女人的阴道吗?生命就是从艰难的管道里挣扎而出的,这种挣扎对新诞生的生命是有积极意义的。现在啊,动不动就剖腹产,对婴儿的健康没有好处。"在这个墓园,安藤先生把生和死糅合在了一起。有生就有死,有死才有生,生命才生生不息。"我希望我设计的墓地不是一个黑暗的地方,而是一个孩子也会来玩耍的、明亮的地方。"饭桌上,安藤先生吞了一把药丸,如是说。

## 第二节 天 堂

**在离死亡最近的时刻看自己**

我人生第一次对死亡有意识,是九岁的时候。那时,东北老家有位长辈半身不遂。我放假回去玩,在她家院子的一侧,看到了一口棺材。家人说,那是为她准备的。我才意识到,这是人死之后会用到的东西,就觉得不吉利,也有些恐惧。

后来工作后,虽然不时地会去参加同事或亲友的追悼会,但思想上是回避的,觉得是未来的事情,不愿意细想。

1999年第一次登雪山,在青海玉珠峰的营地里遭遇强烈的高原反应之后,我第一次认真地考虑要立遗嘱。那段时间,常常听到其他队传来有人去世的消息,每次听到情绪就会低落好一阵。在山上,晚上常常睡不着觉,能睡着时也不敢睡,怕睡着之后再也醒不过来了。

那时候登山,每天都在经受这种折磨。我慢慢认识到,只要自己选择继续登山，客观上就存在死亡的威胁，高原反应、雪崩、岩崩、滑坠等，随时都可能发生。这种状态下，不得不考虑万一遭遇意外怎么办，家人、同事、朋友，是否应该向他们有个交代。

之后的登山经历中，我也确实遇到过很多次危险。

1999年，在新疆博格达峰，我一人独自进山，因为安全绳被砸断，差点无法安全返回。

2002年，我和三个队友一起去登北美洲的最高峰，海拔6194米的麦金利山南峰，也遭遇了惊魂一刻。

在登顶之前，我们要越过一道只有30厘米宽的刃脊山梁。在研究登顶路线沿途的照片时，已经有了足够的思想准备，我一前一后有两位可信赖的登山家结粗绳保护，心里很踏实。

我手拄冰镐，跟着队伍行进，到最狭窄的地方时，有点恐高的我决定用攀冰的动作平行前进。双腿跨骑上刃脊，待深吸几口气之后，再挥冰镐插进硬雪里，身子侧到一边，双脚交替踢进雪壁。这样走得辛苦些，但比较有安全感。过了这一段，刃脊渐显平滑，最危险的路线终于走过去了，我们登上了顶峰。

五分钟后，我们开始下撤。要再次通过这最危险的一段，一样是结组、交替保护，仍然做着攀冰动作，平行移动。但一下不慎，我的左脚突然打滑，右脚的冰爪也吃不住力，整个身体斜晃、后仰，失去了平衡！还来不及恐惧，也来不及思想，右手握着的冰镐本能地一挥，砸进硬雪壁。只听"嘣"地

第五章 生 死

一声，连接手腕和冰镐上的短绳因承受不住整个身体下滑的冲力，崩断了。我左手紧紧攥着冰镐，生命就系在上面。此时，结组的同伴也本能地做了滑坠保护。我悬空的双脚交替蹬出，"嗒、嗒！"两支冰爪卡在了雪壁上，止住了滑坠。

之后，我再蹬了两下就上来了。我们继续往前走，好像什么都没有发生过一样。之后撤回大本营，准备离开前，我们去一个墓园祭奠登山遇难者。在墓园里，我看到那些墓碑，脊梁骨开始冒汗，我发现那里没有单独一个人遇难的，全是集体遇难。两个人、三个人、四个人……可以想象，这都是滑坠时结绳保护没有成功，把队友带下去了。高山探险，生死就在一念之差。

2003年5月，珠峰顶上因氧气用完而遭遇的濒死体验，那20多分钟的挣扎，是我离死亡最近的一次。

2006年12月，在印尼的查亚峰，登顶下撤时，我又遇到了在无保护绳的情况下需要独自下撤的险境，全身贴着一段几乎垂直的岩壁，在凸凹不平的尖锐表面上寻找支撑点，用了一个多小时下降了70米，才脱离了危险。

上面说到的这些，都是突发状况，挑战着人内心承受力的极限。实际上，平时的登山过程中，也会有惊心动魄的时刻。

2007年登瑞士最高峰杜富尔峰，快登顶的时候，要走过一段刃脊，路非常窄，必须将一根绳索扣在两个人身上，结组前进。扣好绳子之后，向导对我说："你不要担心滑坠，你真要滑坠我有感觉的,你坠到左边我就跳到右边。"山脊上一边一个人,人就掉不下去。他又接着说:"如果我滑坠下去,你别跳错了方向。"

他这样交代之后,我脑袋里嗡地一下,因为我并没有这样的心理准备。如果决定继续往前走,就意味着你必须相信你的同伴,从某种意义上,这种信任一交出去,就意味着生死与共。同时,你又必须相信你自己,因为你一秒钟的反应会关系着两条性命。

这种情况下,是走还是不走?犹豫了一下之后,我决定继续登顶,但真的是硬着头皮往前走的。

可以说,是登山生涯慢慢教会了我如何坦然地面对死亡。在日常生活中,人会觉得死亡是很遥远的事情,但在山中,你常常会觉得死亡离自己很近。正是这种长时间、近距离的折磨和一次又一次的突发性挑战,磨炼了人的意志。

2010年5月,第二次登珠峰,我又在峰顶遭遇了危险。那次的登顶过程比第一次顺利得多,但是登顶之后互相拍照时,我一闭眼睛,才发现左眼什么都看不到,一只眼失明了。好在右眼正常。但下撤到8100米的突击营地时,右眼也什么都看不到,双目失明。不禁大喊了一声:"我失明啦!"恐惧,极度的恐惧袭上心头,此生就了断在珠峰上,告别亲人、家庭、事业,一切一切一切?死亡就是我眼前看不到、感觉不到

第五章  生  死

2010年5月22日,珠穆朗玛峰峰顶。当时我的左眼已暂时失明。十几分钟后,右眼也暂时失明了

2018年,北京,某个活动的现场(周映像摄)

的无底深渊！不甘心就这样待在这里啊……突然，我感觉身后的队友拍我的肩膀："老王，你怎么了？"就是这一拍一问，恐惧的感觉顿时消失。我平静地回答："登顶时一个眼睛失明了，现在什么都看不到了。"现在回想这种从恐惧到平静的心情转变，是源于突然失明之后的无助感，无助的孤独比死亡更不能承受。

队友和大本营取得联系，队医判断，是高山缺氧导致的暂时失明，氧气供应满足不了眼部毛细血管的需要。队医说，现在唯一的有效措施是蒙上双眼，不能再让眼睛见光，加大氧气供应量，把吸氧量增大四倍，强行吸四个小时，之后就要看王先生的运气了。四小时之后，无论视力是否恢复，都要强行下撤。

一个人躺在帐篷里，双眼蒙着，吸着氧，意识到自己很有可能回不去了。但心情的平静令自己惊讶！这么多年过去，尤其登山探险经历让自己接受了死亡是人生的一环。青少年、中年恐惧死亡是担心还没经历人生的各个阶段就离开了，不甘心，担心飞来横祸，恐惧患恶性肿瘤，所谓人生无常。中年过去了，进入人生的老年阶段，对死亡还有什么担心的呢？如果此时有人问：假定有足够的钱换十年青春，你换不换？对有支付能力的，尤其上了年龄的人，回答通常是肯定的吧。但对我来说，有再多的钱我也不会去换青春，因为青春对我来讲已经是过去时了，我还没有经历的就是老年，面对各种疾病，面对各种不可知，你怎么去处理？也许，这既需要自知，又需要自

## 第五章 生　死

制力，还需要有豁达的心胸。

　　但第二次登珠峰，当时我才59岁。此时就离开这个世界还真不甘心，毕竟对进入长寿社会的现代社会来说，59岁还不是古稀之年呀。

　　从突击营地下撤到五号营地的途中，会有几个地段需要用到保护绳。如果视力无法恢复，将会非常危险。因为在那几个地段，我只能一个人沿着保护绳下撤，万一我一不小心踩空滑坠，靠保护绳挂在了悬崖上，双目失明是上不去的，因为看不见脚踩的支点。而如果到了5号营地还不能恢复视力，再往下撤，珠峰南坡绒布冰川的冰塔林地形复杂，安全返回的难度非常大。

　　但没想到的是，我的心情出奇的平静。当时脑子里集中精力只做一件事：仔细地回忆从突击营地到5号营地的路线。回忆每一个细节，在脑子里一幕一幕地演练，如何让自己安全度过那些危险地段。

　　在死亡的威胁面前，求生欲望让我排除一切杂念。

　　更没想到的是，在生死未卜的情形下，我又开始为别人操心。随队摄影师洪海，坚持每天固定时间内将攀登过程发送回深圳卫视播出。但那天，帐篷外始终静悄悄的，显然洪海放弃了登顶的转播。蒙着眼睛的我，摘下氧气罩，爬出帐篷外，摸索到洪海的帐篷，劝道："再累也要完成今天的转播，如果放弃了，你会终生后悔的。"欣慰的是，洪海听从了劝告，开始操作对接卫星转播的器材。

当然不是叫他来拍我,而是转播登顶的场景。我眼睛失明了,不愿意被拍,有损英雄的高大形象。我想的是,作为一个摄影工作者,洪海如果能完成整个攀登过程的现场转播,就将创造一项了不起的实况转播纪录。2003年,我第一次攀登珠峰,现场转播的队伍既配有设备齐全的转播车,又有不同高度的差转设备,人员加起来近20人,而洪海几乎是一个人在单打独斗。而且随队登顶珠峰,是在实现高海拔拍摄史的突破。人类是社会动物,利己是基因本能,但利他也是群体生命的本能。此时,这两点我都表现得淋漓尽致。

四个小时后,把遮挡光亮的绷带拆开,双眼能看到东西了,只是朦朦胧胧的。幸运之神又给了我一次机会。立即下撤……

有个说法,叫借境验心。只有这种突发事件,来不及思考的直觉反应,最能让人看到真实的自己。

2002年在麦金利山突然滑坠时的瞬间反应,2003年第一次登珠峰濒死体验中那种对甜美感、温暖感的竭力摆脱,2010年第二次登珠峰遇险时排除一切杂念的专注……都让我对自己有了新的认识。一方面,我认识到了在死亡面前自己有如此强烈的求生欲;另一方面,第二次登珠峰的经历还让我知道,在遇到死亡威胁时我已经可以如此坦然和镇定。

这种镇定,在三年后的一次突发事件中被再次验证。

2013年4月15日北美东部时间下午2点49分,一枚炸弹在波士顿马拉松比赛终点线附近的看台爆炸，我当时就坐在对面不远处的VIP区。大约十秒后，左侧又一声闷响，爆炸点距离我们只有20米左右，炸弹碎片从耳边呼啸而过，事后发现我的裤腿也被碎片穿透了。看台上慌乱起来。本能告诉我，我们所在的这个地方目前应该是比较安全的，连忙喊："趴下！趴下！不要跑！"赶紧躲到了看台下的木架下面。之后，我快速评估了周围的环境，在确定安全后，我侧起身子，拿出手机拍下了现场情景。取景时，爆炸现场烟雾弥漫，我注意到前方有一面美国国旗，也收进了画框里。没想到的是，这张照片不仅被央视报道，还上了《华尔街日报》。

**天　使**

2010年第二次登珠峰时，就在我登上峰顶发现失明的几乎同一时间，Meme在深圳的路边看到了一只奄奄一息的小猫，这只小猫双眼患炎症，几乎要失明了。Meme赶紧下车，把它送到宠物医院去治疗，还好救活了，眼睛也治好了。给它取了个名字叫莫尼卡（Monica），用的是珠峰大本营用步话机指挥救我的队医的名字。当时因为有了它，怕它孤单，又去宠物店带回来一只英国短耳猫，之后又收养了另外一只流浪猫。现在九年过去了，莫尼卡还生活在深圳的家里。

因为太过巧合，有时候忍不住会想，不知道这之间是一种什么样的联系？

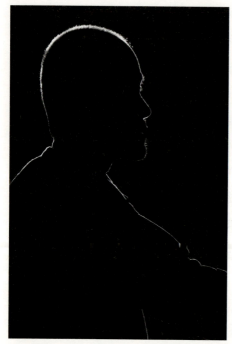

2014年,某个活动的现场(李建束摄)

九年前收养的流浪猫莫尼卡(影立场传媒 汪磊摄)

## 第五章 生死

我很小的时候是跟着姥姥一块儿过的,她信的是民间的道教。我想道教、佛教对她来讲也许没有严格的分别。

我父母都是共产党员,退休之前,应该是典型的无神论者。退休之后也没有显示宗教的倾向。但我父亲去世之后,我母亲就信了佛教。我也因此对佛教多了些接触。

至于我自己,我认为自己是不可知论者。我相信科学对这个世界的解释,包括宇宙大爆炸学说、人类的进化论等等,但科学还不能解释一切,对宇宙、对人的认知都还有空白地带。今天的人类,对于神的存在,既无法证实,也无法证伪。所以我既不肯定,也不否定,对有信仰者持尊重态度。

在我了解过的宗教生活中,印象最深的,是基督教新教中的贵格会。

第一次接触贵格会,是 2012 年美国大选的时候。我因为对美国的基层选举感兴趣,就在投票日跟着我的家庭英文老师塞布丽娜(Sabrina)去了投票站。那个投票站陈设很简单,看起来像个社区学校,但没想到的是,那是一座贵格派的教堂。我就很好奇,印象中教堂里会有的尖顶、十字架、彩色玻璃窗等等,统统没有。出于文化了解的目的,我那时经常会在周末去教堂,所以接下来的那个周末,我就去了这座教堂参加他们的礼拜活动。

第二次去,与投票相关的设施已全部撤走,确实不像教堂。活动形式也不像,就以"回"字形摆了三圈椅子,中间是空地，特别像社区活动。大人站着交谈，小孩四处嬉闹。15分钟交流之后，一位穿便装的神父出来，请小孩退场。第二部分的活动开始，大家安静地围坐在一起，闭眼静思。谁想说什么，就站起来说，但不是对话，而是倾诉，有说几十秒钟的，也有说四五分钟的。有人说的是昨晚做的一个梦，也有人说的是30年前的某件事……持续了45分钟。

对我来说，这更像是一个静思会。整个过程很安静，是一种特别的体验。平时没有关注到的一些细微的声音，比如虫子的叫声，都听到了。在安静中，会想很多平时不会去想的事。

结束后，可以离开，也可以留下来参加30分钟的自由交流。在交流环节，神父请新来的人自我介绍。轮到我时，我介绍说，自己是哈佛的访问学者，也是一个不可知论者，因为上周来看大选，对这个教派好奇，所以来体验一下。

以前去其他教堂参加礼拜活动时，比如大家都唱圣歌的时候，站在中间多少有些不自在，但在这里，整个过程都很放松。

之后，几乎每个周末我都会去一下这个教堂。去其他城市旅行时，有时周末也会专门去贵格会的教堂。有一个周末，在纽约的一个贵格会教堂参加完礼拜活动后，我和一个50多岁的美国人聊了会儿。他说自己是一个基督教徒，有一次出差，没有找到其他教堂，就去了贵格会的教堂。发现那里不强调形式，很放松，后来就改信了这个教派。这让我觉得很意外，没想到一个美国人、虔诚的基督教徒，和我一个中国人、非教徒，有着相似的感受。

2011年刚去哈佛时，和教授、同学聊到我上珠峰的经历，大家都很感兴趣。我当时心里还在想，我还会第三次甚至第四次上去，我要作为人类登顶珠峰最大年龄的挑战者去攀登。但没想到的是，到哈佛两个月之后，我就放弃了自己的登山生涯。

上课之后，我立刻进入到了一个高强度、连轴转的学习状态。一周五天，每天从早上8点一直要熬到第二天凌晨1点，稍不顺利就是凌晨三四点。有时还怎么也睡不着。上课时，听不懂也得熬着，熬不住了还会打瞌睡。因为语言关没过，我一说话就紧张，就结结巴巴的。但每天又都需要和同学交流，我一天到晚都处于一种防卫状态。

这样的状态时间一长，觉得自己都要得抑郁症了，有一种生不如死的感觉。那时候就想，人最困难的并不是如何面对死亡，而是如何活着。

我在哈佛遇到的困难并没有生命危险，但我感觉比登山难得多。珠峰我已经上去过两次了，两次都遇到了死亡的威胁。我并没有因此放弃，还准备上去第三次、第四次。但珠峰上的困难，我心里是有底的；在哈佛的学业，却面临着熬不熬得下去的问题。

去哈佛，我是带着登山装备去的，还有滑翔伞包、滑雪板。但实际上，到哈佛两个月之后，我就做出了不再登珠峰的决定。我知道自己应该把全部精力放在学习上。

现在回想，在哈佛能坚持下来，除了我个人的坚持，家庭英语老师塞布丽娜对我的态度也是非常重要的。她的友善、体贴，所给予我的非常正面的能量，帮助我渡过了难关。

塞布丽娜70多岁，退休前是一家出版社负责植物主题的编辑。她毕业的威尔斯利女子学院，就是宋庆龄、宋美龄曾就读过的学院。她的先生是哈佛的哲学教授，已经去世了。去世之前，还带过一名中国的博士生。

我那时每周有两到三个晚上，会去她家学习英文口语和听力。去哈佛前，我几乎完全是哑巴英语，口语和听力都非常差。她给很多哈佛的学生上过英语课，在她的学生中，我的年纪最大，记忆力和反应能力应该也是最差的。我英语上唯一令她意外的亮点，就是植物方面的词汇量。她发现和我谈植物，要比谈美国政治、美国法律容易得多。

除了晚上学英语，有时我也会在周末去参加她的家庭聚会，和她的家人也有过很多接触。她的姐夫是波士顿一家商学院的院长，全食品公司（Whole Foods）的董事，现在主要致力于公益事业。她的姐姐还带我去瓦尔登湖看过梭罗住过的小木屋。

2017年10月，我事隔四年之后，第一次回哈佛。塞布丽娜特地为我安排了一次家庭聚会，她的家人全部都参加了。那是一次非常温馨的聚会，大家回忆了我在哈佛两年半的生活。让我意外的是，她的姐夫说，我的出现改变了塞布丽娜的生活态度。当时,因为丈夫去世,女儿又得了抑郁症,她很长一段时间情绪都比较消沉,处在一种比较悲观的状态。但自从我去上课之后,她对生活的态度变得积极向上了。

我想,我这个岁数了还这么努力地学习,加上学英语对话时,我常常会谈到我的经历,登山、环保,同时也会谈到中国改革开放的情况,可能在某些方面影响了她。

这么一个偶然的缘分,让我们在彼此的生命中都扮演了天使的角色。

我曾经问过塞布丽娜,她是虔诚的天主教徒,你真的相信有另外一个世界存在吗?

她没有直接回答,只是告诉我,在她所了解的知识分子阶层当中,大部分人不相信还有来世。但同时,他们也都认为宗教生活非常重要,因为要明确自己遵守什么,反对什么。

有人问我,对于未来还有没有迷茫的地方?我的第一反应是当然有。但我不愿意使用迷茫这个词,而更愿意理解为对未来还有好奇心,还有很多的未知需要去探索。

而在探索未知的时候,需要把人生的底线把握住。

人生在这个社会,能做什么,不能做什么,其实是非常清楚的。虽然世上有很多宗教,但十条戒律可能有八条都是一样的。比如不能偷盗、不能行骗等。

延伸一点,比如作为一个企业家,就不能为了赚钱不择手段。即使很多人都不遵守,你也一定要遵守。经历告诉我,这最后会成为你的优势。

但同时,心里也非常清楚,你有野心,你有私心,你有嫉妒心,人所具有的你都有。这才是人性。但这就带来第二个要点,一定要抵御住诱惑。

在剑桥上学时,有一天,我的自行车座被人偷了。没有车座,就只能撅着屁股骑,不但难受,姿势也非常难看。我的脑子里马上闪出了一个念头,赶快从其他自行车上拔一个车座,装上就走。心里就纠结了一下。当然,我最后没有实施。

这就是一念之差。如果真把别人的车座拔了,虽然就值两英镑,但就是一个偷窃行为,就是没有抵御住邪念的诱惑。

每个人的心里,既有天使,也有魔鬼。如何来平衡天使与魔鬼,那是要进行斗争的。这也许不叫迷茫,但可以称为疑惑。人性里如果连疑惑都没有,那就是机器人了。

人就是一个自我完善的过程。想清楚了这一点,对于未来会比较平和。人能做的,就是以一种比较积极的人生态度来对待生活。如果成功了,也许有一定的偶然性,不要那么夸大;如果失败了,也不要懊丧,想想怎么去弥补自己的不足就行了。

第一次登珠峰,过第二台阶的时候。当时,8700米的位置上架了一个铝梯,上完梯子之后,还要经过一个高五米左右的40度的俯角。人必须要离开梯子,顺着绳子攀上去,难度很大。我们到达时,前面已经有七八个人在等,有的人耗了20分钟才爬上去。

对这段路,我是没有思想准备的,所以我就准备下撤了。

第五章 生 死

1984年,在万科成立仪式上

2017年6月30日,在万科股东大会上,正式卸任万科董事长(陈逸航摄)

但是,我相信有同样感觉的不止我一个人。我默默地等着,只要前面有一个人扭头回去,我就可能会跟着回去。但如果前面没有人撤,我也决定硬着头皮上。没想到我最顺利,一次就上去了。

坚持还是放弃?也就是一念之差。

很多人以为,"万宝之争"是我人生最艰难的关口。但对我自己来说,到深圳之后,生意上的事情,再难没有难过1983年;心灵上的冲击,再大没有大过2008年。

1983年,最折磨人的主要是那种不确定性。当时经济特区的前景不明朗,连续两三年都是这样,有人说如果不成功可能就关掉。更不用说,最开始的饲料生意出现巨大风险的时候,心里觉得根本就过不去了,真的过不去了。但你怎么安慰自己呢?就想明天反正太阳还会出来的嘛,只要明天太阳还出来,现在还是先睡觉。第二天早上醒来,再去面对。

但现在回头看,那也是我人生中最波澜壮阔的一段。一个人赤手空拳地去,慢慢建立了信心,这对一个人是非常非常重要的。而且后来经历得多了,慢慢才知道没有比这更难的了。那种严重的体力和脑力都透支的状态,之后也没再次遇到过。

2008年"捐款门""拐点论"的那段时间,也是因为捐款的问题,都有人扬言要炸麦当劳、炸家乐福。你会发现,还有一个商业部听他们说话,但万科当时完全是孤立无援的。我那时候挺悲观的,当时就想,如果有人要在肉体上把我消灭,我也不会躲，是做好这个准备了。到了5月19日的国殇日，我知道了，那可能就是一种集体的情绪。那一次，差不多熬了半年才过去。是公司危机，也是个人危机，是从来没遇到过的。

这次的"万宝之争"，是对万科团队、万科文化的挑战，是整个万科团队共同应对的。

对我个人而言，反而是在哈佛的学习更艰难。那是对我个人的挑战，孤军奋战，一个人的战争。如果不是这个年纪，可能我就放弃了。正因为已经是这个年纪，我知道再放弃我就没机会了，只能硬着头皮上。

2008年9月，"捐款门"发生几个月之后，心情沉重的我和华大汪建及其他山友一起去登希夏邦马峰。正好那时，2002年山难的那支北大山鹰社登山队的队长刘炎林去给他的五个同学立纪念碑。

2002年，北大山鹰社五名队员在攀登希夏邦马西峰时，遭遇雪崩遇难。全国媒体一时对这类探险行动提出了很大的质疑。当时我正在德国进行业务考察，得知消息后，夜不能寐，凌晨1点在网上发了一篇文章叫《北大山鹰精神永存》。

这次见到刘炎林后，我与华大汪建主动参与了纪念碑的建设过程。建好之后，我用相机去拍摄不锈钢铭牌上队员的头像和铭文。但拍摄时，我却发现拍来拍去，怎么也对不准焦，头像就是显示不出来。而在查看其中一张照片时，我赫然发现，铭牌上被拍下来的竟然是我自己的脸。

其实拍下的是倒影，但一下子我就被震撼了，引起非常大的心理波动，呆立了半天……

那半年，可以说是我人生的至暗时刻，但当我在死者头像的位置看到自己的脸时，首先会想，我比他们的年纪大很多，按常理，应该是他们来祭奠我，而不是我祭奠他们。但同时，我也在想，如果这些年轻人还活着，问他们，你们可能会遇到危险，可能会面临死亡，你们还会去登山吗？我觉得他们的答案应该是肯定的。就像我曾经那么恐惧死亡，也没有放弃登山一样。

我们的选择，都是向上，向前。